Michael Konrad
Saach blooß 4
Neueste Geheimnisse des Pfälzischen

Michael Konrad

Saach blooß 4

Neueste Geheimnisse
des Pfälzischen

von RHEINPFALZ-Lesern enträtselt
Karikaturen von Uwe Herrmann

Hinweise und Vorschläge zu unserer Serie „Saach blooß" können Sie senden per E-Mail an redeswz@rheinpfalz.de und per Fax an 0621/5902-313.

Layout und Satz Innenteil: Kaisers Ideenreich, Neustadt an der Weinstraße
Umschlaggestaltung: mssw Print & Medien Service GmbH, Ludwigshafen
Druck und Weiterverarbeitung: NINO Druck GmbH, Neustadt an der Weinstraße

Printed in Germany
ISBN: 978-3-937752-20-4

INHALT

Für B.

VORWORT

Liebe Leserinnen und Leser dieses Buches,

zehn Jahre „Saach blooß", zehntausend Leserzuschriften als Fundus für dieses Lexikon des Pfälzischen, drei Bände in vielen Auflagen – und jetzt der vierte Band! Wer hätte das gedacht, als „Saach blooß" 2002 startete? Michael Konrad hat das gedacht, damals schon! Ich natürlich auch. Wir beide sind Pfälzer – von Geburt, aus Überzeugung, mit Herz. Und Pfälzer sind nun mal nicht bescheiden. Schon August Becker hat uns das 1857 in seinem Standardwerk „Die Pfalz und die Pfälzer" ins Stammbuch geschrieben: „Das Selbstgefühl ist oft stärker ausgebildet als gerade zur Bescheidenheit notwendig ist." Wie recht August Becker doch hatte. Und wie recht wir hatten mit unserer Unbescheidenheit, als wir 2002 vorhersagten, „Saach blooß" werde ein Bestseller werden.

Ein Kunststück ist das gar nicht. Die Pfälzer sind stolz auf sich und die Pfalz. Sie haben mehr Regionalbewusstsein als andere deutsche Stämme. Das liegt an der bewegten Geschichte dieses Landstrichs und an seiner Schönheit. Wer seine Heimat so liebt, der mag auch deren Sprache: das Pfälzische in all seinen vielen Ausprägungen. Damit lässt sich das Lebensgefühl der Pfälzer trefflicher zum Ausdruck bringen als mit sterilem Hochdeutsch.

Ein Kunststück ist der Erfolg von „Saach blooß" aber auch deshalb nicht, weil so viele Leserinnen und Leser der RHEINPFALZ, der Tageszeitung für die Pfalz, von Anfang an mit Begeisterung dabei sind, die Geheimnisse des Pfälzischen zu enträtseln. Mit ihrer Hilfe wurden Mundartbegriffe gedeutet, ihre Herkunft erklärt, konnten viele Worte und ihre Ursprünge dem Vergessen entrissen werden.

Michael Konrad ist Erfinder, Inspirator und Moderator dieses Diskurses der Pfälzer über ihren Dialekt. Er ist Autor der Serie in der RHEINPFALZ und Erfolgsgarant der mittlerweile vier Bücher dazu. Aus dem Liebhaber des Pfälzischen ist längst auch ein Fachmann fürs Pfälzische geworden. Seine Mundart-Kolumne „Ich mään jo blooß" in der RHEINPFALZ am SONNTAG ist ein angewandtes „Saach blooß". Denn mit den enträtselten Begriffen erzählt Michael Konrad als „Pälzer Knodderer" Geschichten aus allen möglichen und unmöglichen Lebenslagen. „Ich mään jo blooß" ist als Buch ebenso erfolgreich wie Michael Konrads jüngste Publikation „Können Sie Pfälzisch? Der ultimative Test". Kongeniale Ergänzung zum Autor in all diesen Büchern ist seit Anfang an der Zeichner und Karikaturist Uwe Herrmann aus Obersimten bei Pirmasens.

Mir bleibt nur, Michael Konrad und Uwe Herrmann auf ein Neues herzlich zu danken für ihr großes Engagement zugunsten der Pfälzer Mundart. Ich bin mir sicher, liebe Leserinnen und Leser, dass Sie auch mit diesem vierten Band von „Saach blooß" ein herrlich-pfälzisches Lesevergnügen haben werden.

Michael Garthe
Chefredakteur DIE RHEINPFALZ

„BATSCHKAPP"

Eins auf die Mütze

Kleine Schläge auf den Hinterkopf
erhalten nicht nur die Freundschaft

„Die Batschkapp ist eine kuhfladig geformte und oftmals auch ähnlich gefärbte Kopfbedeckung. Nach langjährigem Gebrauch kann sie, besonders wenn sich das Wetter ändert, auch so riechen." Manfred Bauer aus Ludwigshafen führt mit diesen spöttischen Worten in seine Abhandlung ein, die er zum Thema dieser Folge verfasst hat. Wir werden nicht umhinkommen, darauf noch zurückzukommen.

Doch zunächst hochoffiziell: Die „Batschkapp" ist „eine flache Ballonmütze, die durch einen Druckknopf in flacher Form gehalten wird. Der Knopf verbindet den Schirm mit dem vorderen Ballonstoff", erklärt Elke Plass-Mackensen aus Niederkirchen. Wem das zu kompliziert ist, dem raten mehrere Leser, sich einfach Heinz Becker vorzustellen, jene Kunstfigur des saarländischen Kabarettisten Gerd Dudenhöffer, auf deren Kopf die

„Batschkapp" wie festgenagelt thront. Wer jetzt immer noch nicht weiß, was gemeint ist, dem hilft Doris Rittmann aus Birkenheide: „Die Batschkapp sieht aus wie ein Hut, auf den man druffgebatscht hat."

In der Kappe könnte also das pfälzische „batsche" für „schlagen" stecken. Darüber hat sich auch Manfred Bauer Gedanken gemacht: „Die Geschichte, dass ein englischer General wegen eines verlorenen Schar-mütze-ls seinem Ersten Offizier wutentbrannt so lange auf der Bärenfellmütze herumgebatscht hot, bis die ausgehe hawwe soll wie en Pannekuche, kann man getrost ins Reich der Fabel verweisen", meint der Ludwigshafener. „Andererseits: Irgendwo muss der Spruch ‚Einen auf die Mütze kriegen' ja wohl herkommen."

Die Variante „Bletschkapp", die Hans Estelmann aus Böchingen und Peter Körner aus Bad Bergzabern kennen, führt ebenfalls schnurstracks zu „schlagen" – wir erinnern an die „Miggeblätsch", die Fliegenklatsche. Sogar die „Batschkapp" selbst soll hin und wieder als Schlag- werkzeug Verwendung finden, wie man hört. Doch: Dass die „Batschkapp" mancherorts auch „Datschkapp" genannt wird, wie Heinz Hener aus Maikammer

und Inge Schornick aus Ludwigshafen berichten, zeigt: Bei der Entstehung der Flachmütze müssen nicht unbedingt Schläge im Spiel gewesen sein. Auch durch „datsche" (wie in Hochdeutsch „betatschen") kann etwas platt gedrückt werden.

Die „Batschkapp" werde flach und breit auf den Kopf gepatscht, erklärt Reinhard Hartmann aus Kaiserslautern und richtet sein Augenmerk auf die Art und Weise, wie das Aufsetzen der Mütze zelebriert wird. Man könne die Mütze „mit Schmackes auf den Kopf knallen", meint Gisela Schumann aus Grünstadt und ist sich da mit Klaus Kronibus aus Enkenbach-Alsenborn einig: „Die Batschkapp werd ewe uff de Kopp gebatscht." Dementsprechend handele es sich bei den Trägern meist um „echte Kerle", also um „Arbeiter, Chauffeure, Kraftprotze, Halbwelttypen – mustergültig dargestellt vom Berliner Milljöh-Zeichner Heinrich Zille – und nicht um feine Herrschaften".

Die soziale Frage scheint diesmal eine entscheidende zu sein. Manfred Bauer schreibt: „Wann de Addl soi Beitsch (die Mütze im Dialekt des Ludwigshafener Hemshofs) uff Krawall gerickt, nämlich ins Genick geschoben hatte, machte man besser einen Bogen um ihn. Und wenn de Eddl zum Wohnungsfenster hochrief: Mamme, schmeiß mol die kariert Datschkapp runner, am Eck gäbbt's e Schlägerei, wusste man, dass alsbald die Fetzen fliegen würden." Harter Tobak? „Mit dere Batschkapp siehscht aus wie de Anadeffga", führt uns Hans Ehrhardt aus Gossersweiler-Stein aus dem Pfälzer „Schosseegrawe" mitten ins Russische Reich um 1905, ins ukrainische Dorf Anatevka und in eine Geschichte um Armut und Verfolgung. Alles wegen einer Mütze?

Doch wenden wir uns der Beschaffenheit der Batschkapp zu. „Leder, Loden, Wolle oder Leinen" nennt Doris Rittmann als mögliche Grundstoffe. Sie bestehe aus „dunklem, strapazierfähigem Stoff", sagt Suse Buchheit aus Pirmasens, haltbar sei so ein Teil „von der Wiege bis zur Bahre". Und: Anders als beim Hut, der beim Grüßen angehoben werde, führe der Träger einer „Batschkapp" lediglich lässig den Zeigefinger an deren vorderen seitlichen Rand.

Lothar Degen aus Nothweiler und Otmar Wolpert führen uns zur Baskenmütze, die für die „Batschkapp" Pate gestanden haben könnte, Doris Rittmann bringt das französische Barett ins Spiel. Doch am Ende bleibt die Frage: Wo steht die „Batschkapp" heute? Geben wir Manfred Bauer das letzte Wort: Er erinnert in seinem Beitrag etwas melancholisch an den „Batschkappe"-Boom in den 1950ern, als der Rock'n'Roll-Sänger und „Batschkapp"-Träger Gene Vincent „Elvis aus den Charts fegte": „Zwei, drei Jahre später war auch diese Batschkappenherrlichkeit zu Ende. Fortan fristete sie nur noch ein Schattendasein als Kopfbedeckung für vermeintliche Spießer, die den Siegeszug der Basecap (Baseballmütze) nicht mitbekommen hatten. Heute findet man sie gelegentlich noch auf Wühltischen bei C&A. Fer dreifuchzisch."

Oder auf dem Kopf von Ex-„Superstar" Mark Medlock.

Sie möge dort in Frieden ruhen.

FOLGE 145, ERSCHIENEN AM 17.10.2009

„SILWERNES NIXEL, GOLDENES WARTEWEILCHE"

Nicht ganz bei Trost

Wer nicht warten kann, muss fühlen

„Und was sind Ihre negativen Eigenschaften?", fragt der Chef beim Bewerbungsgespräch. 99 Prozent der Probanden antworten: „Ungeduld." Das klingt schön selbstkritisch, soll aber sagen: Mit mir wird es vorwärtsgehen, und zwar schnell! „Saach blooß" weiß natürlich nicht, wie alle diese Vorstellungstermine enden, doch der Schluss liegt nahe: Satz mit X – das wird wohl nix. Denn Ungeduld zahlt sich nicht aus.

„Du kriegschd ä silwernes Nixel un ä goldich Waart e Weilche" – auch wenn der durchschnittliche Pfälzer Chef das vermutlich anders formulieren wird: Jede noch so trostreich formulierte Absage wird auf dasselbe hinauslaufen wie dieser Spruch, den Inge Schornick aus Ludwigshafen zu hören bekam, wenn sie lange vor Weihnachen ihre Mutter mit der Frage nach den Geschenken nervte. Auch Hans Estelmann aus Böchingen wurde vertröstet: „Ä silwernes Nixelnixelsche,

ä goldiches Warteweilche unn noch ä Ei drüwer g'schlache." Damit nicht genug. Petra Schneider aus Fußgönheim kennt die Variante: „... un ä silwernes Naseweisel", die zeigt: Ungeduld steht in der Wahrnehmung der Umwelt auf einer Stufe mit „vorlauter Fragerei", die Paul Wagner aus Rieschweiler-Mühlbach mit dem Spruch gedankt bekam, um den es in dieser Folge gehen soll. „Ich denke, dass irgendwann einmal eine genervte Mutter die Nixle und Wardeweilche erfunden hat", glaubt Rosemarie Mathes aus Germersheim, „es hört sich doch viel liebevoller an als: Sei net so neigierisch!" „Die Ablehnung eines Wunsches geschieht nicht radikal, sondern humorvoll und liebevoll verpackt. Sie tut nicht weh." So erklärt auch Klaus Kronibus aus Enkenbach-Alsenborn, was psychologisch dahinterstecken könnte. Nächstenliebe nämlich. Wenn Geld für ein Geschenk gefehlt habe, sei dem Kind auf diese Weise behutsam die schwierige wirtschaftliche Lage der Familie verständlich gemacht worden, schreibt der Leser. Dass Silber und Gold wertvoll sind, wisse schon ein kleines Kind, es erkenne den Widerspruch zwischen dem edlen Metall und dem Nichts und müsse darüber lachen statt zu weinen. – Sprachspiele als Trost und Lebenshilfe? Auch für „Saach blooß" ein neuer Gedanke. Jedoch: Es sei ein Spruch, den „die Aufbaugeneration" genau mit diesem Ziel verwendet habe, stößt Doris Rittmann aus Birkenheide ins selbe Horn.

Deutlich nüchterner und nicht ganz so kinderfreundlich ist die Lesart von Suse Buchheit aus Pirmasens. Babba an Suse: „Isch hab der was Schäänes mitgebrung." Suse: „Au, was donn?" Babba: „E silwernes Nixsche un e goldenes Wad-e-Weilche." Was für die Tochter bedeutete: „Nix hat's gäb (de Babba hat mich vereppeld)." Wie eine Szene aus dem Eheleben zeigt, die Heinz Hener aus Maikammer eingeschickt hat, tritt die freche Variante auch in der Erwachsenenwelt in Erscheinung: „De Kurt kummt vun ään're Gschäftsrääs zurück. Do frocht sei Ehehälft: Unn, hoscht mer was mitgebroocht? – Ja, ä silwernes Nixel unn ä goldenes Wardeweilche! – Zeich mol här, mein Liewer. – Mach du mol zuerscht die Aache zu! Unn was sieschst jetzt? – Ei, nix! – Genau, unn des hab ich deer mitgebroocht!" Wer nicht warten kann, muss fühlen!

Bevor wir unversehens und ungewollt offene Wunden aufreißen und Familienbande gefährden, kehren wir in die heile Kinderwelt zurück: Wenn Karlfried Obenauer aus Winnweiler und seine Ehefrau ihrem Nachwuchs mit dem Spruch vom „Nixelsche" und vom „Warteweilche" deutlich machen wollten, dass sie den Kleinen einen Wunsch nicht erfüllen konnten, „streichelten wir ihnen die geöffnete Hand".

Aufmerksamkeit und Zuneigung – zumindest das hätten die Kinder in diesem Moment erhalten. Die Geste in Verbindung mit der Redensart ist auch Bernhard K. Gallenstein aus Speyer geläufig. Sie beweist: Vor allem Hoffnung und Zuversicht stecken dahinter, Ausnahmen bestätigen die Regel. Womit alle Fragen um Wesen und Wirkung der Worte beantwortet sein dürften.

Doch wo kommen „Nixelbixel" und „Warteweilche" nun her? Die Antwort ist überraschend einfach: „Hier handelt es sich nicht um pfälzisches, sondern um deutsches Liedgut", hat

Reinhard Hartmann aus Kaiserslautern herausgefunden. Unter dem Titel „Des Knaben Wunderhorn" veröffentlichten Clemens Brentano und Achim von Arnim zwischen 1805 und 1808 eine Sammlung von Volksliedtexten, darin enthalten das Kinderlied „Ich schenk dir was":

„Was ist denn das? Ein silbernes Wart ein Weilchen und ein goldenes Nixchen in einem niemahlenen Büchschen."

Die allerletzte Frage, wo das Lied vor weit über 200 Jahren entstanden sein könnte, überlassen wir getrost den Germanisten.

FOLGE 146, ERSCHIENEN AM 4.11.2009

„SCHORE"

Wörter zu Pflugscharen

Ein Multifunktionswort sorgt für Sprachverwirrung

Will man die Pfälzer verstehen, muss man schon genau hinhören und manchmal sogar, nun ja, sich Gedanken machen. Nicht nur, weil das Vokabular an und für sich schon rätselhaft klingen kann (erinnert sei an „gaunschelich", „goddersprich" oder „Griwwelbisser"). Es gibt auch Wörter mit mehreren völlig unterschiedlichen Bedeutungen. Wer „schlawwert", ist entweder ein Vielredner oder er kann keine Nahrung zu sich nehmen, ohne zu kleckern. „Butze" können sich in der Nase auftürmen oder als Gewitterwolken am Himmel. „Huddel" gibt's männlich und weiblich: Als Ärger (auch: „Uumuuß") und als Mofa oder Motorrad („Ou, du hoscht dei Huddel awwer ganz schää frisiert!").

Weit oben auf der Sprachverwirrungs-Skala steht das Wort „schore". In manchen Regionen der Pfalz scheint es völlig in Vergessenheit geraten zu sein, in anderen überschlagen sich die Bedeutungen. Steigen wir mal mit der einfachsten ein: „Ei, wie siehschd du donn aus, der hän se jo die ganze Hoor abgschort!", rufen „die Karin un die Elke vun de Haßlocher Sparkass" aus, und Inge Schornick aus Ludwigshafen spricht vom „Schorkopp" wenn sie einen Kahlkopf meint. „Kall, hoschd du dei Schoof schunn schore losse?" – Spätestens diese Frage von Rudolf Walther aus Großkarlbach bringt uns zur Erklärung: In „schore" stecken die hochdeutsche „Schur" und das Verb „scheren". Die Mundart hat sich einfach die Vergangenheitsform der Hochsprache ausgeborgt (scheren, schor, geschoren) und eine Gegenwartsform daraus gebastelt.

Das pfälzische Wort funktioniert übrigens auch im übertragenen Sinne, wie das Beispiel von Ruth Metz aus Hatzenbühl belegt: „Ich häwem de Kopp gschort" kann demnach auch heißen: „Ich habe ihm die Flausen ausgetrieben."

„Meines Wissens bedeutet ‚schore' umgraben", schreibt Rolf K. Moster aus Bad Bergzabern und führt uns zur zweiten Bedeutung, die nach Einschätzung unserer Leser nicht ganz so häufig in Gebrauch ist wie die erste. Gisela Keller aus Zweibrücken berichtet: „Im Herbst wird immer schää gschoort, da setzt manch ein Hobby-Gärtner seinen Ehrgeiz daran, dass alles sauber und gleichmäßig wird und über Winter schää aussieht." Ziel der Aktion: Man will den Nachbarn selbstbewusst und natürlich vorwurfsvoll fragen können: „Hoscht du doin Gaade a schun rumgschort?", wie Heinz Wolfert aus Beindersheim anmerkt. Diese Form des „Schorens" hängt sprachlich wohl mit der Pflugschar zusammen, haben Peter Keller aus Bad Bergzabern und Gerd Häßel aus Reichenbach-Steegen herausgefunden. Vom „schneidenden, scherenden Eisen" des Pflugs spricht Walter Gundacker aus Hinterweidenthal. Tatsächlich gehen sowohl „Schar" als auch „Schere" und „scheren" auf das althochdeutsche Wort „scara" zurück, wie ein Blick in den Duden beweist.

In der (Pfälzer) Landwirtschaft kann oder konnte „schore" aber noch viel mehr bedeuten. Nicht nur Klaus Juner aus Herschberg versteht darunter das Zusammenrechen oder Zusammenschieben von Heu oder Getreide zu sogenannten „Schore". Auch ein gemähter Grasstreifen kann laut Reinhard Hartmann aus Kaiserslautern als „Schor" bezeichnet werden.

Und sogar in der Seemannssprache kommen „Schore" vor: Lothar Braun berichtet, damit seien die Stützen gemeint, auf denen ein Schiff vor dem Stapellauf

„Ich du blooß schore, Herr Wachtmääschder!“

steht. Auch eine seichte Stelle im Meer werde so genannt.

Während diese Fachbegriffe nur wenigen Pfälzern geläufig sein dürften, ist das Verb „schore“ in einer letzten Bedeutung noch vielen Lesern bekannt: als mundartlicher Ausdruck für „klauen“, „stehlen“, „mitgehe losse“ oder „lähne un sericksegewwe vergesse“, wie Rudolf Walther es zusammenfasst. Kurzdialog: „Do griehschd es Maul nimmi zu, was der alles an Werkzeig un Maschine hot, do fehld awwer nix.“ – „Alles gschord.“ Herbert Keller aus Leimersheim hat bei einer Feier 15 Gäste befragt, und die Mehrheit kam zum selben Schluss: „Geschdern Oowend hämmer en Sack Grumbeere g'schort“

bedeutet: Da haben sich im Dunkeln ein paar Kartoffeln vom Acker gemacht – und zwar gänzlich unfreiwillig.

Vermutlich hat „schore" für „stehlen" einen ganz anderen Ursprung als „schore" für „scheren" und „umgraben". Die kriminelle Lesart dürfte sich aus dem Rotwelschen entwickelt haben, der Randgruppen- und Gaunersprache, mutmaßt Klaus Kronibus aus Enkenbach-Alsenborn. „Schore" sei dort als „Diebesgut" bekannt und noch heute in der Rauschgiftszene für „Ware" gebräuchlich.

„Saach blooß" rät daher: Besser, Sie denken intensiv nach, bevor Sie das Wort „schore" in den Mund nehmen. „Wannd's net machschd, dann schor isch der änni, dass es grad so klebbert" (noch ein neue Bedeutung) – so lautet die Argumentationshilfe von Hans Magin aus Schifferstadt. Nur wer aufpasst, läuft jedenfalls nicht Gefahr, das Schicksal eines Mitschülers von Hermann J. Settelmeyer aus Lingenfeld zu erleiden. Der wurde in der Schule nach seiner Lieblingsbeschäftigung gefragt und antwortete: „Ich schor gern." – „Die Klasse hat gebrüllt vor Lachen", berichtet der Leser. Und er fügt an: „Der Bub wurde übrigens Gärtner."

FOLGE 147, ERSCHIENEN AM 4.12.2009

„HANNICH"

Verliebt, verlobt, verkocht

Ganz schön scharf – und trotzdem vom Aussterben bedroht

ER:
**Viel zu wennich
Supp, Marie.**

SIE:
**Es isch genug do, jetzt
ess doch mol.**

ER:
**Viel zu wennich Supp
fer des Salz.**

Es gibt viele Wege, Mitmenschen ihre Fehler spüren zu lassen. Sarkasmus wie in diesem Kurzdrama am Küchentisch, verfasst von Betty Burk aus Neupotz, ist eine besonders beliebte Variante – wenn auch nicht unbedingt bei jenen, die auf diese Weise verspottet werden. Ein frecher Spruch, glauben die Absender, hat bessere Chancen, im Gedächtnis haften zu bleiben, als ein nüchterner Satz wie: „Die Supp esch hannich." Das könnte stimmen. Zumal, wenn es sich wie bei „hannich" um ein zwar

anerkanntes, aber doch in einigen Teilen der Pfalz gänzlich unbekanntes Dialektwort handelt, das für „versalzen" steht.
Trude Vollweiler aus Haßloch, Birgit Heil aus Meckenheim und Heinz Wolfert aus Beindersheim zum Beispiel kennen das Wort „hannich" nur aus dem Westpfälzischen und aus Sätzen wie „Dort hannich mei Ruh" oder „Wie ich die Schweinegripp gehat han, do hannich ganz schwer dogelä." Auch Manfred Bauer aus Ludwigshafen geht es ähnlich. Er ließ sich in seiner ersten Freude über die vermeintlich einfache „Saach-blooß"-Frage kein bisschen durch die Skepsis seiner Großmutter bremsen. „Owowowowow – do hawwense uns awwer widder e hardi Nuss zum Knacke uffgewwe", hatte die Oma lamentiert. Als der Enkel konterte, „hannich" für „habe ich" sei doch „ganz leicht", erwiderte die Großmutter: „Babbel net, des soll doch

was mit Esse odder so zu due hawwe." „Alla gut", dachte sich der Leser schließlich und schickte uns das Zitat: „Hannich der nit glei gsacht, dass d' kää acht Lewwerknepp fresse sollscht!" Wir räumen ein: Einen Versuch war's wert. Die Leberknödel könnten ja durchaus versalzen gewesen sein.

Doch zurück zum kulinarischen Ernst des Lebens. „Saach blooß" ging es mit der Frage nach „hannich" nicht um eine Zusammensetzung, sondern um jenes seltsame Wort, das manche Pfälzer zum Einsatz bringen, wenn etwas nicht so schmeckt, wie es soll. „Die Supp isch awwa hannich. Dess zieht äm jo es

Hemd hinnenei", schreibt Hans Metz aus Jockgrim. Die „Karin un die Elke vun de Haßlocher Sparkass", die das Wort weder benutzen noch kennen, haben einen Kollegen aus dem südpfälzischen Edesheim ausfindig gemacht: „Der saacht, wann de Metzger die Worscht versalze hot: Die is awwer hannich."

„Mehr als 84 Jahre bin ich alt und muss feststellen, dass ich das Wort ‚hannich' leider nur noch selten benutze", erzählt Waltraut Dreyer aus Oberotterbach. „Den Ausdruck ‚hannich' habe ich seit Jahrzehnten nicht mehr gehört", berichtet auch Rosemarie Mathes aus Germersheim. „Wenn ich als Schulmädchen bei den Großeltern zum Essen war, fiel manchmal dieses Wort, und zwar dann, wenn meine Großmutter ‚verliebt' war", schreibt die Leserin. Um es klarzustellen: Damit wurde selbstverständlich nicht der Hormonhaushalt der Großmutter aufs Korn genommen, sondern das Salz im Essen. Denn: „De Koch war verliebt" ist ein zwar beliebter, aber stets verharmlosender und fast immer falscher Erklärungsversuch für das geschmackliche Malheur.

Dieses muss sich im Übrigen nicht auf den unsachgemäßen Einsatz von Salz beschränken, sagen Reinhard Hartmann aus Kaiserslautern, Hedwig Hoffelder aus Waldsee und Gertrud Weigel aus Hatzenbühl. „Hannich" steht demnach auch für „scharf", „bitter", „sauer", und manchmal sogar für „unangenehm" und „widerlich". Und das Wort kann noch mehr!

„Beim Einkaufsbummel entdeckt man ein vermeintliches Schnäppchen", schreibt Elke Plass-Mackensen aus Niederkirchen, „beim Blick auf das Preisschild kann man, nach einmal tief Luft holen, nur noch seufzen: Oweh, des iss awwer hannich!" – oder man ruft mit den Worten von Willi Butz aus Lustadt aus: „Dein Breis esch awer hannich!" Der Weg von der versalzenen Suppe zur gesalzenen (oder gepfefferten) Rechnung ist nicht weit. Erich Hoffmann aus Neupotz drückt das so aus: „E Supp, wu mer sich bestellt hot, kann uf zwä Arte hannich sei." Zu salzig und zu teuer.

Bleibt „Saach blooß" nur noch der Hinweis, dass dieser Beitrag ursprünglich mit einem Wortspiel rund um das Thema „Zur

Salzsäule erstarren" veredelt werden sollte, „doch die Sach war uns zu hannich". Zu heikel oder gefährlich nämlich, wie das Wort auch übersetzt werden kann, sagen Heinz Hener aus Maikammer und Wolfgang Hubach aus Haßloch. Wir verweisen zum Abschluss lieber auf den sprachlichen Ursprung von „hannich", der im mittelhochdeutschen „handec" für „schneidend", „scharf", „bitter" liegt.

Apropos: Noch ein salziger Sarkasmus gefällig? Alla gut. Was kann ein notorischer Nasenbohrer von einem Pfälzer in den Gehörgang gedröhnt bekommen? – „Wann d' drowwe bischt, mach's Licht aus!"

FOLGE 148, ERSCHIENEN AM 18.12.2009

„PITSCH" UND „LÄTSCH"

Pitschepatschenass

Suddelwetter zeitigt in der Pfalz zweierlei Folgen

Pitsch. Patsch. Nass. So ergeht es uns, wenn wir aufbrechen zum Nachweihnachts-Shopping in die Stadt unserer Wahl, wo es natürlich in Strömen regnet (vulgo: „schifft", „säächt" oder „pisst"). Wir haben die Winterjacke an, den Schirm in der Hand, die Mütze im Gesicht, und dann kommt das Wasser von der Seite angeschossen. Auto – Pfütze – Fußgänger, mehr braucht's nicht. Pitsch (Vorderrad), patsch (Hinterrad), nass (des Fußgängers Hose/Schuhe/Socken). „Sicher kennen Sie auch die schönen Wörter, die man dem Verursacher dann hinterherschickt", schreibt Christl Weber aus Bad Bergzabern.

Man kann in solch einer Situation nur hoffen, dass es wenigstens einen Pfälzer getroffen hat. Der kann sich nämlich eine hochinteressante Frage stellen: Ist der Autofahrer durch eine „Pitsch" gedonnert oder durch eine „Lätsch" gerast? Die beiden pfälzischen Wörter, die für hochdeutsch „Pfütze" stehen, hatte „Saach blooß" zur Diskussion gestellt – wissend um die alljährlich zwischen den Jahren vorherrschende Großwetterlage.

Dabei wirken „Pitsche" oder „Lätsche" nicht nur für Autofahrer anziehend, die im Augenwinkel einen Fußgänger erspähen, sondern vor allem für Kinder, die bloß „suddele", also im Wasser spielen, wollen: „Jedi Bitsch war unwiderstehlich" erinnert sich Horst Leonhard aus Landau. Man sei früher „mit Begeischderung so noigedappt, dass es noch alle Seite gschpritzt hot un all drumerum vun owwe bis unne nass worre sin", berichtet Uta Müller aus Neustadt.

In solchen Wetterphasen konfrontieren Eltern den Nachwuchs mit Vorwürfen wie: „Schbinnscht du, mit denne neie Schuh durch die Pitsch zu dappe?" (eingeschickt von Bruno Seeger aus Oggersheim); „Der Lausbu muss awwer a in jedi Wasserpitsch huppse!" (von Anita Burckhardt aus Enkenbach-Alsenborn); Oder: „Du bisch der vielleicht e Wutz! Jetzt tappt des mit denne neie Schuh voll in die Pitsch do rin un versaut sich soi scheenes Kommunionskläädche!" (von Klaus Kronibus aus Enkenbach-Alsenborn).

Vermutlich sind die Wasserspiele so verlockend, weil es „pitsch" und „patsch" macht, wenn man mit beiden Füßen hineinhüpft oder mit der flachen Hand draufschlägt. Christine Harant

aus Ludwigshafen erinnert sich jedenfalls an regelrechte Wettkämpfe im „Pitschedräde" und spricht dabei von „lautmalerischen Kinderträumen". „Pitschepatschenass" sei man dabei geworden, erzählt Doris Rittmann aus Birkenheide, wobei die pfälzische Variante wohl eher „batschnass" (oder „säächnass") lautet. Apropos „säächnass": Eine „Lätsch" in Haus oder Wohnung könne auch von jungen Hunden erzeugt werden, wenn sie noch nicht stubenrein sind, schreibt Heinz Hener aus Maikammer.

Doch zurück zum menschlichen Nachwuchs. Für den gibt es selten etwas Schöneres, nass zu werden oder jemanden nass zu machen. Annemarie Rahm aus Mehlbach erinnert sich an die alte Geschichte von der Großmutter, die nicht mehr gut sah und beim Spazierengehen von ihrem Enkel vor jeder noch so kleinen Pfütze zu hören bekam: „Oma, hubbs, do kummt e Pitsch!" In dem Fall hatte der Kleine einen eher trockenen Humor. Man kann es natürlich auch kritischer ausdrücken und sagen: „Der hot nix im Kopp, heegschdens e Wasserpitsch!" –

eine Formulierung, die der in Harthausen aufgewachsene Vater von Christian Steiger aus Hamburg benutzte, wenn ihn jemand in Rage gebracht hatte.

In Fußgönheim gibt es sogar ein „Pitschegässel" („Do hot halt frier es Wasser gstanne") berichtet Petra Schneider. Dass beim „Pitschegässelfest" jemand nasse Füße bekommt, ist allerdings unwahrscheinlich. Eher steht bei solchen Gelegenheiten „das intensive Anfeuchten der Kehle" im Vordergrund, wie Rudolf Walther aus Großkarlbach den Vorgang nennt, der vielen Lesern als „(äner) pitsche" geläufig ist.

Etwas weniger verbreitet als die „Pitsch" scheint das Wort „Lätsch" zu sein, wie die Auswertung aller Zuschriften zeigt. Doch auch „Lätsch" ist als pfälzische Version von „Pfütze" bekannt: „Dei Schuuch, dei Strimp, dei Reckelche, dei Schirzel battschnass un babbich. Gäll, du warscht do unne an dere Lähmelätsch?", schreibt zum Beispiel Hans Ehrhardt aus Gossersweiler-Stein und verweist auf die Wasserundurchlässigkeit des Lehmbodens, der Lätsche besonders haltbar macht. Von leckerem „Lätschelkuche" schwärmen Irene Ortega aus Rülzheim und Lothar Braun aus Bellheim: ein Rahmkuchen, auf dem sich die Sahne in kalorienreichen Pfützen absetzt.

Die „Lätsch" kann sprachlich aber noch mehr. „Geschdern hod em die Bolizei en Knolle verbasst, jetzert hängt er die Lätsch bis uff de Borrem", schreibt Helmut Ries aus Wachenheim, und Uta Müller ergänzt: „Zieh net widder so e Lätsch, hot moi Großmutter als g'saat, wann ich mol widder e Flunsch, e Schnut oder e Britschel gezoche hab, weil mer ebbes net so gebasst hot." Und mindestens so verbreitet wie das Hauptwort „Lätsch" ist das Verb „lätsche", das „auftauen" oder „schmelzen" bedeutet, „wobei ja auch hier eine Wasserlache entsteht",

wie Reinhard Hartmann aus Kaiserslautern anmerkt. Nicht zu vergessen: „Lätschich" für „schmierig" (und für „erschöpft", „benommen"!) gehört ebenfalls zum Pfälzer Sprachschatz. Die Lache, die wohl aufs lateinische „lacus" für See zurückgeht, bietet die schlichte Erklärung für den Ursprung der „Lätsch". Kein Wunder, dass da die „Pitsch" nicht nachstehen will: Sie hängt mit der „Pfütze" und der lateinischen Version „puteus" zusammen, wie Heinz Wolfert aus Beindersheim und Inge Schornick aus Ludwigshafen erklären.

Was fehlt jetzt noch? Ein Handtuch und ein warmer Ofen. Und dann nichts wie ran an die nächste Folge!

FOLGE 149, ERSCHIENEN AM 30.12.2009

„DÄÄGAFF" UND „BROTHOOGE"

Die dunkle Seite des Teigs

Die Pfälzer Backstube bringt nicht nur Leckereien hervor,
sondern auch Schimpfwörter und „dumme" Sprüche

Mhhhmmmmm. Riwwelkuche, Quetschekuche, Abbelkuche. Schmatz, schleck. Schneckenudle, Dampfnudle, Windbeidel, Vanillehärnscher. Aaaaaaaah. Baurebrot, Baguette, Mohnweck, Milchweck, Brezle. Jam, jam! Nehmen wir uns zusammen und drücken wir's nüchtern aus: Teigwaren im Allgemeinen und frisches Backwerk im Speziellen üben eine ungemeine Faszination aus. „Saach blooß" hat im Juli 2005 eine ganze Folge allein dem „Knärzel" oder „Knärzje" gewidmet, der Brotkante also, nachzulesen im Buch „Saach blooß 2". „Ein Stück vom Glück" war der Beitrag überschrieben, der sich, nur leicht übertrieben, so zusammenfassen lässt: Für ein leckeres „Knärzel" würde manch einer seine Oma verkaufen. Wasser, Milch, Mehl – daraus werden Träume gemacht. Es wäre also alles in Butter, gäbe es da nicht die dunkle Seite des Teigs. Den pfälzischen Spruch

„Hohl wie en zehner Weck" zum Beispiel. Da wurde das luftige Brötchen, das vor langer Zeit mal zehn Pfennige kostete, zum Symbol für den Dummkopf, in dessen Schädel Leere herrscht. „Der ist so hohl, der schwimmt sogar in Milch", könnte man es in Werbeneudeutsch ausdrücken. Die Redensart „dumm wie Brot" schlägt in dieselbe Kerbe. Hier wird ein ganzer Laib völlig schuldlos zum Sinnbild der Dummheit. Erklären lässt sich das nicht.
Das gilt auch für das Pfälzer Schimpfwort „Brothooge". Erwin Vogt aus Kindsbach schreibt: „Wann en Wärt in sei eigeni Kneip kummt un net emol ‚gun Dach' sagt un guckt wie vätzeh Daach Regewedder, dann iss des en Brothooge." Als „Brothooge", meint Uta Müller aus Neustadt, könne man jeden „Hewwel" bezeichnen, „wu mit'm Porsche durch die Kinnerschdubb g'fahre is". Ein „Angeber" sei

das, sagt Günter Holzhauser aus Schrollbach, ein „Olwer" meint Hans Estelmann aus Böchingen, und für einen „Besserwisser" hält ihn Manfred Albrecht aus Oberauerbach. Inge Schornick aus Ludwigshafen jedenfalls hat aus alledem Konsequenzen gezogen: „Ich grieß den Broodhooge nimmi, der is jo unmöglich."

Das Bild, das unsere Leser vom „Brothooge" haben, ist klar umrissen. Es handelt sich – mit den Worten von Heinz Wolfert aus Beindersheim – um einen „verschlossenen, sturen und unnachgiebigen Menschen". Völlig unklar ist dagegen, wie das mit dem „Brothaken" zusammenpasst, der laut Manfred Bauer aus Ludwigshafen früher an einem Deckenbalken über dem Küchentisch befestigt war. Daran war der Brotkorb aufgehängt, in dem das Backwerk seinem Verzehr entgegensah – in luftiger Höhe vor Mäusezugriffen geschützt. Uta Müller berichtet,

auch in Backstuben habe es früher so etwas wie Brothaken gegeben: Zapfen ragten aus einem Rundbalken heraus, darauf seien die Brote abgelegt worden. Wie diese harmlosen Hängekonstruktionen mit dem Schimpfwort „Brothooge" zusammenhängen – und wie es überhaupt zu dem Wandel ins Negative kommen konnte –, wird wohl leider ein Geheimnis der Pfälzer Sprachgeschichte bleiben. Zu dumm.

Setzen wir unsere Hoffnung also auf das zweite pfälzische Schimpfwort der teigigen Art: „de Däägaff", den Teigaffen. Joachim Lehmler aus Ludwigshafen und Werner Pfarr aus Gönnheim kennen das Wort als Uznamen für den Bäcker – und stehen damit nicht allein. Klaus Hollinger aus Spirkelbach erinnert sich an einen Klassenkameraden, der 1948 eine Bäckerlehre begann und fortan als „Däägaff" bezeichnet wurde – ungeachtet seines mutmaß-

lich sympathischen Charakters. Manfred Albrecht kommt ein älterer Vertreter dieses Handwerks in den Sinn, „dem man beim Laufen die Schuhe besohlen konnte". Womit wir bei den unangenehmen Eigenschaften dieser teigigen Gestalt angelangt wären: Mit „Däägaff" sei ganz allgemein ein Langweiler gemeint, „mit dämm kä Made

(keine junge Frau) danze will", berichtet Suse Buchheit aus Pirmasens. Martin Pfeiffer aus Blaubach hält ihn für eine eingebildete Person, „der man nichts oder allenfalls wenig und schon gar nichts Gutes zutraut".

Anders jedoch als der „Brothooge", der sich außerhalb der Pfalz nirgends blicken lässt, ist der aus dem Rotwelschen stammende

Begriff „Teigaffe" auch in Berlin, Tirol und Bayern („Doagaff") bekannt, wie „Saach blooß" herausgefunden hat. Und zwar als Mensch, den man auf gut Pfälzisch als „Tranfunzel" oder „Lahmarsch" bezeichnen würde – oder als „Schnarchtüte", mit der natürlich auch „die Karin un die Elke vun de Haßlocher Sparkass" „nix zu due hawwe wolle".

Wie es so weit kommen konnte? Das negativ besetzte Adjektiv „teigig" (zäh, klebrig, bleich, aufgedunsen) dürfte da eine Rolle gespielt haben, zum Leidwesen einer ganzen Zunft. „Saach blooß" ist jedenfalls in Gedanken bei allen zu Unrecht gescholtenen Bäckern – und natürlich bei jedem einzelnen zu Unrecht beleidigten Brot (solange es schön frisch ist).

Folge 150, erschienen am 21.1.2010

„SCHINANT"

Verklemmt, verschreckt, verschlagen

Wenn Pfälzer die Schüchternheit plagt – oder sie nur so tun

„Saach blooß" hat sich fast ein bisschen geniert. Dass das pfälzische schinant mit dem hochdeutschen „genieren" zusammenhängt, liegt aber auch wirklich auf der Hand. Was gibt es da zu fragen? Und dass „genieren" aufs gleichbedeutende französische „se gêner" zurückgeht („sich Zwang antun", „sich einschränken")? Glatt geschenkt. Die Herkunft des heutigen Begriffs ist jedenfalls schnell geklärt; schneller, als ein Gesicht vor Scham die Farbe wechselt.

Rot ist „Saach blooß" dann aber doch nicht geworden. Über 50 Zuschriften rund um Verklemmung und Verlegenheit beweisen, dass wir ein heißes Eisen angepackt haben. Sind Pfälzer etwa schüchtern? Oder fallen zwischen Rhein und Saar die Schüchternen dermaßen auf, dass sie all die Forschen und Selbstbewussten auf den Plan rufen?

„Für uns Pfälzer heißt ‚schinant' sein: sich scheuen, schämen, unsicher fühlen", schreibt Leo Dörr aus Schweisweiler. Es sei die Angst vor der Blamage, die da in den Knochen stecke. „Saa doch a mol was, was bischd dann du for en Kerl, hoschte ke Courasch? Ich glaab, du bischd schinant!", zeichnet Günter Holzhauser aus Niedermohr das Bild eines Mannes, der nicht den Mumm hat, „es Maul uffsemache". „Stell dich net so dro!", würde Ilse Konrad aus Speyer so jemandem zurufen. Und: „Ich hab nit's Herz", könnte die Antwort lauten, (eingeschickt von Hans Metz aus Jockgrim). Alles klar?

Der Schluss liegt nahe: Es sind die „Schinanten", an denen sich die Pfälzer gerne reiben. Jene Zauderer und Zögerer, die sich zieren, sich zurückhalten, nicht aus sich herausgehen können, wie Karlfried Obenauer aus Winnweiler es formuliert. Sie fallen auf, aus dem Raster – und auf die Nase. „Die Mutter vum Franz sagt zu de Nochbern: Unser Bu hot noch kä Freindin. Er esch jo noch sou schinant." Die Mutter beichtet es in dieser Episode von Erich Hoffmann aus Neupotz fast entschuldigend – als schäme sie sich für den schamhaften Sohn. Heinrich Rudolphi aus Ramstein rät in solchen Fällen: „Sei net so schinant un redd des Mädel eefach an, bevor dir's en annerer vor de Nas wegschnappt."

Leichter gesagt als getan. Für Helga Schneider aus Kaiserslautern steckt in schinant nämlich „ein Schimmer von ‚heebgedreht'", von jenem vor allem in der Westpfalz gebräuchlichen Wort also, das unter anderem für „behäbig", „schwerfällig" und „ungeschickt" steht. Bevor so jemand aus sich herausgehe, müsse er erst einmal „e bissel hinnerum gehoowe werre", erklärt Germann Jossé aus Worms.

Man könnte ihm alternativ auch mal „orndlich Bescheid stoße".

Es wäre jedoch verfehlt, würden wir „Schinanz" (um mal ein Hauptwort zu erfinden) nur als Schwäche auslegen. Vornehme Zurückhaltung kann auch ein Zeichen von guter Kinderstube sein. Heinz Hener aus Maikammer zum Beispiel erzählt die Geschichte einer Mutter, die ihren Sohn nach der Rückkehr vom Kindergeburtstag fragt: „Warschd ach schää schinant unn hoschd der net widder's grööschde Stick Kuche genumme?" – „Ich war schinant, Mama, ich hab blooß die sechs klänne gesse."

So geht es nicht immer aus. Wie viele Gastgeber haben schon gegen jene höfliche Selbstbeherrschung bei Tisch angekämpft, von der Gerd Häßel aus Reichenbach-Steegen berichtet? „Sei ned so schinant, nemm der nor e rischtichie Portion!" – Rosemarie Mathes aus Germers-

heim beschreibt die Zweideutigkeit der Situation: Es sei nicht immer klar, ob die Zaghaftigkeit im Wesen des Gastes begründet liege oder ob es sich um unnötiges Getue handele. „Die Karin un die Elke vun de Haßlocher Sparkass" bringen Letzteres so auf den Punkt: „Die dut so schinant, hot's awwer fauschtdick hinner de Ohre." (Sie könnte „e Schinoos" sein – eine Durchtriebene also). Faustdick kam es auch für den Geistlichen in der Anekdote von Joachim Lehmler aus Ludwigshafen. Der wurde nach einer Konfirmation (Kommunion, Kinddaaf) zum Essen eingeladen. „Do soll die Hausfrau g'saat hawwe: Schenieren Eich norre nedd, Herr Parrer, un greifen Se ordentlich zu. Die Sai grien's doch."

Das klassische Beispiel für schinierliches Verhalten, wie Ruth Metz aus Hatzenbühl es nennt, sind jedoch Kinder, die nach der Vorstellung uneinsichtiger Eltern fremden Leuten „Batschhand gäwwe" müssen – oder die sich vor versammelter Mannschaft im neuen Sonntagskleidchen präsentieren sollen. Alois Beck aus Hatzenbühl erinnert sich, wie seine Schwester darauf reagierte: „Sie hot die Fieß verdreht, die Ärm verdreht un an die Deck geguckt." Beliebte Variante: Sich hinter den Eltern verstecken, berichtet Elke Littig.

Suse Buchheit aus Pirmasens kann sich noch entsinnen, dass es ihr als Kind selbst so ergangen ist: „Isch hab näd geredd un näd gedeit un die Zäh ned ausnonnergebrung." Inzwischen hat sie das „Schinante" längst abgelegt, „sonst würde ich an ,Saach blooß' nicht teilnehmen". Was zu der Einschätzung von Bernhard Gabauer aus Ludwigshafen passt, wonach sich die „Schinanz" in der Regel irgendwann legt: „Die Phase geht meischt schnell rum, un dann gucken em die Grutze ganz fresch ins Gsicht."

Und das Pfälzer Selbstbewusstsein ist ohne jeden Kratzer wieder aufs Podest gehoben.

FOLGE 151, ERSCHIENEN AM 12.2.2010

„DODDLICH"

Weiche Birne, weiche Knie

Mit defektem Werkzeug lässt sich nicht viel anfangen –
oder etwa doch?

„Elend beim Kicke: Änner hot en dottliche Ball debei, awwer känner ä Ballebumb." Bertram Steinbacher aus Lingenfeld führt uns vor Augen, auf was es ankommt im Leben: Man braucht nicht nur ein Spielgerät, es muss auch was taugen. Ganz schlecht ist es, „wenn ein Objekt seinen von der Natur vorgeschriebenen Zustand zu verlassen beginnt und sich in Richtung ‚Dodsch' bewegt, wenn es also „doddlich" wird", sagt Manfred Bauer aus Ludwigshafen.

Wenn der Ball „alt und ausgeleiert" war, ist auch Bruno Seeger aus Oggersheim und seinen Spielkameraden der Spaß am Straßenfußball vergangen. Peter Keller aus Landau erinnert sich an ähnliche Probleme in seiner aktiven Zeit beim FV Dudenhofen: „Dem Schiedsrichter sagten wir dann, dass wir mit solch einer Doddel nicht spielen wollen, und er möge doch dafür sorgen, dass mit der Luft-

pumpe mehr Druck auf den Ball kommt." „Saach blooß" geht davon aus, dass der Mann in Schwarz dem Wunsch nachgekommen ist. Denn ihm dürfte ebenso klar gewesen sein wie „de Karin un de Elke vun de Haßlocher Sparkass": „En doddliche Ball dobbst net mehr." Wofür soll er dann noch gut sein?

Während Bälle nur in der Süd- und Vorderpfalz als „doddlich" bezeichnet werden, sind in der gesamten Pfalz „doddliche" Lebensmittel ein Begriff. Uta Müller aus Neustadt hat eine vorläufige Liste der Weichteile verfasst: „En Kuchedääg, en Pudding, wäächi Butter, en gut durchgereifde Kääs, en alde Salatkopp odder e aldi Tomat, awwer ach alde Äppel un Beere, na ja alles zum Esse, was wääch, däägich odder schwabbelich is", werde als „dottlich" bezeichnet. Peter Hasenzahl aus Oggersheim fügt das Frühstücksbrötchen an, das knusprig sein sollte, nicht weich.

Sogar mit der Existenz von „doddlichen" Pommes müsse man sich heutzutage auseinandersetzen, schreibt Leo Weisenstein aus Bad Dürkheim, während früher wenigstens nur die „Grumbeer" als solches weich und weicher wurde: Wenn sie, wie Marga Stühler berichtet, zu lange ein Dasein im dunklen Keller fristen musste.

Es ist hier wie beim Spiel mit unaufgepumptem Ball: Die Lebensmittel stehen zwar zur Verfügung, bereiten aber kein Vergnügen. Wer mag schon „en doddliche Lewwerknobb" essen, der gnadenlos verkocht wurde, fragt sich Alois Beck aus Hatzenbühl. Es kann noch übler kommen. Inge Blatt aus Frankfurt warnt: „Wann e Quetsch (also: eine Pflaume oder Zwetschge) iwwerreif, awwer noch net uffgeplatzt is, die is dann wääsch, un wammer net uffbasst, blatzt se uff und alles is ringsrum verdröbbelt un verdreckt vunn demm Saft und Fruchtflääsch, des dann rumschbritzt." Die Sauerei, die ein dottliches Frühstücksei anrichten kann, sei nur am Rande erwähnt – auch wenn uns Liesel Dries aus Hochstadt damit einen Hinweis auf den möglichen Ursprung des Wortes liefert: Glauben doch viele Leser, „doddlich" könne sprachlich mit „dotterweich" zusammenhängen – während Klaus Juner aus Herschberg auf das mittelhochdeutsche Verb „doln" für „erdulden" hinweist, das auch an den „Labbeduddel" erinnert (immerhin werde die „Doddel" ja dauernd getreten, merkt Joachim Lehmler aus Ludwigshafen an).

Fest steht jedenfalls: Das Wörtchen „doddlich" in all seinen Ausprägungen hat sich ungeniert in nahezu allen Lebensbereichen breitgemacht – und dabei manchmal sogar den Beiklang „untauglich" abgelegt. Dichtungsmasse wie Silikon könne so bezeichnet

"Loss der doch net die Birn doddlich kloppe!"

werden, schreibt Hans Metz aus Jockgrim, aber auch der weiche Bommel an einer Pudelmütze, berichtet Reinhard Hartmann aus Kaiserslautern. Doch diese positiven Beispiele bleiben die Ausnahme.

„Doddelisch is aa en Händedruck, denn mer gar net schbiert, wann sich do so e wääschi Hand labberisch in die eigen Hand noi leggt, so saft- und kraftlos", schreibt Inge Blatt und führt uns damit zu den menschlichen Schwächen. Nach Einschätzung von Uta Müller aus Neustadt ist ein menschlicher „Doddel" jemand, „der wu kän Sport treibt und halt liewer esst", und der in der Folge „so e richtig doddlichi

Muschkulatur griecht". Einen „langsamen, ungeschickten, einfältigen, gutmütigen Kerl" kennt Joachim Lehmler als „Doddelkopp" – hier schwingt mit, dass dessen Birne, also der Kopf, etwas „doddlich" sein könnte. Vom pfälzischen Bruder des hochdeutschen „Trottel" schreiben gar Helga Jungen aus Grünstadt und Klaus Juner.

So dick muss es nicht kommen: Denn „doddlich" ist nicht zwingend eine Beschreibung dauerhafter Charakterschwächen, sondern kann sich auch auf vorübergehende körperliche Defizite beziehen: „Doddlich fühlt man sich nach einigen Krankheitstagen mit Bettruhe", schreibt Rosemarie Mathes aus Germersheim, weich seien dann vor allem die Knie und Beine. Und dass dotterweiche Knie nicht unbedingt von Nachteil sein müssen, zeigt laut Reinhard Hartmann das Lied von „Schmidtchen Schleicher mit den elastischen Beinen". Der hat, wie wir wissen, alle Frauen rumgekriegt und damit eine ganz neue Lebensweisheit entwickelt: Sei dein Spielgerät auch noch so „doddlich" – es kommt drauf an, was du draus machst!

Folge 152, erschienen am 25.2.2010

„PETZE"

Alles Verräter!

Verpfeifen, kneifen, einen heben –
für all das brauchen die Pfälzer nur ein Wort

„Herr Lehrer, Herr Lehrer, de X. hot vorhin ..." Verräter und Denunzianten – wie Lothar Braun aus Bellheim sie ohne Umschweife nennt – gibt es überall. In der Pfalz jedoch werden die Sünder mit einem eigenen Wort gebrandmarkt: Wer „petzt", wird als „en Petzer" oder „e Petz" bezeichnet. „Etwas Böses über jemanden sagen, um dessen Bestrafung herbeizuführen", lautet Lothar Brauns Übersetzung. „Hemmungslos verpfeifen", sagt Reinhard Hartmann aus Kaiserslautern dazu. „Hinterlistiges Verraten, weil sich jemand ä rot Röckche verdiene will", nennt es Heinrich Rudolphi aus Ramstein-Miesenbach.

„Wenn ich in der Schule etwas angestellt hatte, wusste es meine Mutter, bevor ich zu Hause war. Meine Freundin hielt nie dicht, die alte Petze", erinnert sich Renate Weisenstein aus Bad Dürkheim mit einigem Groll. Das tut auch Hans Kerker aus

Hohenöllen: „Mei Schwester, die alt Petz, hot mich beim Raache vewischt un hot mich gleich bei meim Vatter verpetzt." Fast könnte man glauben, es handele sich stets um Mädchen, die als „Verrothansel" oder „Anbringer" in Erscheinung treten, wie „Petzer" oder „Petze" laut Suse Buchheit aus Pirmasens auch noch bezeichnet werden. Doch nicht nur die Zuschrift von Manfred Bauer aus Ludwigshafen macht überdeutlich: Der „Klassen-Stasi" kann sehr wohl auch ein Junge sein.

Der Ursprung von „petze" für „verpfeifen" weist auf eine verräterische Wandlung der Wortbedeutung hin. Im Hebräischen steht „pazah" nämlich ganz harmlos für „den Mund aufmachen", wie zahlreiche Leser herausgefunden haben. Bei „pazah" ist also über den Inhalt der Äußerungen nicht viel gesagt. In der Pfälzer Variante „petze" dagegen wird jedes Wort, das aus dem Mund des Petzers kommt, zum Verrat. Man lernt hier auf schmerzhafte Weise, dass Schweigen manchmal wirklich Gold sein kann. Wobei – da verraten wir nichts Neues – diese Volksweisheit zwischen Rhein und Saar nicht allzu tief verankert ist.

Auf keinen Fall verschweigen wollen wir die zweite und schmerzhafte Bedeutung von „petze", die in der Pfalz mindestens ebenso weit verbreitet ist wie das unerwünschte Ausplaudern vermeintlicher Wahrheiten. Rosemarie Mathes aus Germersheim führt uns ins Thema „Kneifen und Zwicken" ein: „De Schorsch hot mich in de Arm gekniffe unn vun dem Pätze hab ich en blooe Flecke kriescht." Dieses „Petze" kann – wie im obigen Beispiel – willentlich erfolgen: Als Strafe oder einfach zum Piesacken wird jemandes Haut samt Fleisch zusammengequetscht, erklärt Ruth

Metz aus Hatzenbühl. Das kann auch durchaus in bester Absicht geschehen: „Der Arzt petzt den Speck zusammen, wenn er eine Bauchspritze macht", schreibt Helga Jungen aus Grünstadt.

Man braucht zum „Petze" noch nicht einmal eine zweite Person: Mit einer Kneifzange lässt sich leicht und locker ein Stück Draht von der Rolle „petze". Sogar ganz ohne Hilfsmittel oder Fremdbeteiligung kann man „de Hinnere (auch: die Arschbacke) zammenpetze" – eine notwendige Übung, um eine ungeheure Anstrengung zu bewältigen oder um zu verhindern, dass etwas in die Hose geht, sagt Klaus Kronibus aus Enkenbach-Alsenborn. Zu guter Letzt „petzt" es gelegentlich auch dann, wenn jemand mal nicht aufpasst: „Warum heilsch de dann so jämmerlich? – Ei, ich hann mer am Gaardederche de Finger gepetzt." Schlecht genähte Klamotten können ebenfalls „pet-

„Petz emool ämme Ochs ins Horn!"

ze", berichtet Gisela Schumann aus Grünstadt. Zumal, wenn die „Petz", also die eingenähte Falte, schlecht verarbeitet ist.

Die Varianten dieser Zwickerei sind schier unendlich. Joachim Lehmler aus Ludwigshafen zum Beispiel erzählt vom „Petzaach": Wer jemandem ein solches zuwerfe, der zwinkere wissend.

Auch die Röllchen und Klämmerchen, mit denen Frauen ihr Haar richten, können ins Spiel kommen: „Herrgott noch emol, wo han ich dann werre moi Petze higeleet?" „Nicht das hebräische „pazah", sondern das französische Verb „pincer" für „kneifen", „jemanden zwicken" könnte für diese Version von

„petze" Pate gestanden haben, vermutet Manfred Albrecht aus Contwig.

Die dritte Version von „petze" ist endlich eine, die als schmerzlos gilt – auch wenn „Saach blooß" deren Ursprung schmerzlicherweise nicht definitiv klären konnte (es war also „em Ochs ins Horn gepetzt", wie die Pfälzer sagen: ein erfolgloses Unterfangen). „Mir gehe ääner petze" bedeutet nicht nur für Klaus Juner aus Herschberg: Wir gehen einen trinken! „E paar Schobbe uffem Weifescht petze" sei zweifelsfrei die angenehmste Form des „Petzens", schreibt auch Heinz Wolfert aus Beindersheim. Dass diese Version des pfälzischen Vielzweckworts daher kommen könnte, dass nach verschärftem „Schoppepetze" gerne mal „Ranzepetze" (Magendrücken) auftritt, ist reine Vermutung. Manfred Bauer aus Ludwigshafen baut sogar frech die Gedankenbrücke vom „Petze" zur elsässischen Rebsorte Edelzwicker. Wir werden doch nicht etwa unsere Nachbarn im Süden „verpetzen" wollen? Na ja, „petzen" wir halt mal ein Auge zu ...

FOLGE 153, ERSCHIENEN AM 26.3.2010

„JOCHNACHEL"

Liebesgrüße aus Einöd

Ein altertümliches Schimpfwort wird
zur sprachlichen Vielzweckwaffe

„Du bischt en richticher Jochnachel! Du bischt so dumm, dass
du nit merkscht, dass du dumm
bischt, du Jochnachel, du Dum-
mer!" – Kein Zweifel: Hier hat
sich ganz schön viel Wut ange-
staut. Wiederholungen und Dop-
pelmoppelei – auch Redundanz
genannt – beweisen, wie dick der
Hals des Sprechers ist und wie
hilflos er sich fühlen muss. Es ist
jedenfalls kein Wunder, dass Erwin Spielberger aus Hauenstein
ein Streit zwischen einem Vater
und seinem Sohn im Gedächtnis geblieben ist, der vor vielen
Jahren in diesem Wortschwall
gipfelte.

Überlebt hat damit auch die Erinnerung an das altertümliche
pfälzische Schimpfwort „Jochnachel". Es ist nicht ausgestor-
ben, aber nach Einschätzung
vieler Leser deutlich weniger
gebräuchlich als beispielsweise
„Dollbohrer", „Dibbelschisser",
„Tranfunzel" oder „Knodderer".
Und anders als bei den gängigen

Pfälzer Schmähungen ist beim
„Jochnachel" nicht einmal klar,
was eigentlich damit gemeint
ist. „Dass die dänn Jochnachel
g'heirat hot, esch uubegreiflich."
Dieses Zitat von Hans Ehrhardt
aus Gossersweiler-Stein zum
Beispiel lässt zwar keinen Zweifel daran, dass der „Jochnachel"
eine schlechte Partie ist. Doch
die Frage, was ihn fürs Eheleben
diskreditiert, bleibt unbeantwor-
tet.

Klaus Juner aus Herschberg hält
den „Jochnachel" für dumm und
einfältig. „Ein Jochnachel ist ein
Kerl, der nur für ganz einfache
Arbeiten zu gebrauchen ist",
schreibt auch Christl Weber aus
Bad Bergzabern. Uta Müller aus
Neustadt und Reinhard Hartmann aus Kaiserslautern kennen
den „Jochnachel" als unbeholfe-
nen Mann, als „Sturkopp" und
„Geizklicker". „E Nervesä" und
„e Alles-Wisse-Woller" sei er,
meint Suse Buchheit aus Pirmasens, „wonne ma ne vorne naus-

schmeißt, kommt er hinne widda rin". Für Hans Estelmann aus Böchingen ist der „Jochnachel" vor allem ein „trockenes Brötchen": „Der hot sei bissel Fantasie beim Standesamt abgäwwe."
Fest steht also: Mit dem Wort „Jochnachel" lässt sich Kritik in ungewöhnlich viele Richtungen äußern. Es hat Anklänge an die Metaphern „Du bischt de Nachel zu meim Sarch!" und „Der isch ganz vernachelt", schreibt Inge Schornick aus Ludwigshafen. Auch die Bedeutung von Joch als „hartes Los" oder „schweres Schicksal" scheint mitzuschwingen, glaubt Lothar Braun aus Bellheim.

Da kommt es gelegen, dass wenigstens der Ursprung des Begriffs nicht im Geringsten in Zweifel steht. Nicht nur Horst Dörflinger aus Pleisweiler-Oberhofen hat uns erklärt: Ochsen wurden früher in einen Holzbalken eingeschirrt - das Joch -, damit sie den Ochsenwagen ziehen konnten. Das Bindeglied zwischen Joch und Deichsel war der Jochnagel. Es handelt sich also um ein Stück Holz oder Eisen, an dem viel hängt.

Was am „Jochnachel" als Bestandteil des Ochsengeschirrs so problematisch sein könnte, dass daraus ein Schimpfwort wurde, kann keiner unserer Leser erklären. Nur Klaus Juner mutmaßt, ein „Jochnachel" sei vielleicht so bescheuert, mit dem Nagel das Joch direkt am Kopf des Ochsen anzunageln. Hans Ehrhardt, der sich zeitlebens mit historischen landwirtschaftlichen Geräten befasst hat, tut es „in der Seele weh", dass der altertümliche Jochnagel „zum Männer-Kosenamen" umfunktioniert wurde, doch auch er hat keinen Hinweis parat, wie es so weit kommen konnte.

Der „Jochnachel" hätte sein Geheimnis beinahe für sich behalten - hätten nicht einige Leserinnen und Leser unseren

Blick auf das benachbarte Saarland gelenkt, konkret auf den Homburger Vorort Einöd. Dessen Einwohner werden nämlich mit dem Uznamen „Enedder Jochnächel" belegt – was sie nicht daran hindert, alle zwei Jahre (in ungeraden Jahren) ein großes „Jochnachelfescht" zu feiern. Die Legende, die sich dahinter verbirgt, verrät Entschei-

dendes. Eines Tages soll sich, so erzählt Klaus Kronibus aus Enkenbach-Alsenborn, während der Fahrt mit einem Ochsenkarren der Jochnagel selbstständig gemacht und aus dem Verbindungsloch gelöst haben. Damit das Joch sich nun nicht von der Deichsel trennte und der Wagen nicht rückwärts rollte, „steckte der Bauer einen Finger in das

Bolzenloch und wollte mit diesem – als Nagelersatz – die Gerätschaft zusammenhalten". Ob dieser Einfall den Bauern einen Finger kostete, weiß unser Leser nicht, „doch führte dieser Vorfall rasch zur Verbreitung einer Anekdote, die überall belacht wurde".

Die Geschichte liefert Argumente für fast alle Aspekte des Schimpfworts: Der Bauer, der zum „Jochnachel wurde", war stur genug, Schmerz zu erdulden, dumm und unbeholfen genug, ein hohes Risiko für Leib und Leben einzugehen – und möglicherweise war ja sein Geiz die Ursache dafür, dass das Ochsengeschirr nicht richtig gewartet war. Soll heißen: „Saach blooß" schickt für diesmal ein dickes Dankeschön nach Einöd – und an alle „Jochnächel"!

FOLGE 154, ERSCHIENEN AM 9.4.2010

„SAFT", „SIESSSCHMEER", „MUS"

Möge der Saft mit dir sein!

Das Wort „Marmelade" brauchen Pfälzer nur,
wenn sie mit Zugereisten reden

Da soll noch einer sagen, das Frühstück sei auf dem absteigenden Ast und die einst wichtigste Mahlzeit sei abgelöst worden vom schnellen Espresso aus dem 1500-Euro-Vollautomaten. Unsere Frage nach den pfälzischen Namen für Marmelade – dem typischsten aller Frühstücksaufstriche – hat jedenfalls eine wahre Flut von Zuschriften ausgelöst. Ergebnis: Die Pfälzer kennen fast so viele Wörter für Marmelade wie Schimpfwörter, die von der heimischen Tierwelt inspiriert sind (ein Zusammenhang zwischen beiden Häufungen besteht nach unseren Recherchen nicht).

Die Pfälzer scheinen vielmehr ein Volk von Leckermäulern (Pfälzisch: „Sießschnuute") zu sein, die so sehr auf Marmelade stehen, dass es in jeder Region einen eigenen Begriff dafür gibt. „Ob Schelee, Marmelaad oder Konfidier – moi Läwe lang ess isch blooß Schmier", liefert

Suse Buchheit aus Pirmasens das erste Pfälzer Aufstrichwort. „Schmier" oder „Schmeer" steht in Teilen der Westpfalz ganz oben auf der Liste, natürlich abgeleitet von „schmieren" und dem mittelhochdeutschen Wort „smer" für Fett und Schmalz, wie Klaus Juner aus Herschberg erklärt.

Die Variante „Sießschmeer", die Reinhard Hartmann aus Kaiserslautern kennt, vereint sprachlich beide wesentlichen Merkmale der Marmelade: Sie ist süß und wird mit sanften, horizontalen Bewegungen des Messers auf die Brotscheibe gestrichen. „Mamme, mach mir mol a Schmeer", hieß es bei Heinrich Rudolphi aus Ramstein-Miesenbach, wobei hier „Schmeer" nicht nur für den Aufstrich, sondern für die gesamte versüßte Brotscheibe steht. Gisela Schumann aus Grünstadt und Ruth Böhn, die aus Langweiler im Kreis Kusel stammt, fassen zusammen:

„Sießschmeer" sei der Oberbegriff für sämtliche Varianten von Marmelade, Gelee und Konfitüre.

„Das Wort Marmelade braucht man bei uns eigentlich nur, wenn man sich bei den Reigeritschte (also den Zugereisten) verständlich machen will", sagt Helga Jungen aus Carlsberg, was uns zum zweiten pfälzischen Marmeladenwort bringt, dem Saft. Dieses dürfte sich Nichtpfälzern nicht ganz so schnell erschließen wie „Schmeer" oder Sießschmeer". Denn das „Saftebrot" scheint beim ersten Hören zwei Dinge zu vereinen, die überhaupt nicht zusammenpassen. Doch „Saft" kann in der Pfalz halt mehr sein als ein Getränk auf Obstbasis – nämlich der Aufstrich, der beim Einkochen des Safts entsteht, schreiben „die Karin un die Elke vun de Haßlocher Sparkass". Christiane Knoll kennt das „Saftebrot" aus dem Wortschatz ihres Großvaters, der aus Hettenleidelheim stammte, Lothar Braun und seine Ehefrau aus Bellheim sowie Hans Estelmann aus Böchingen verwenden es in der Südpfalz, Maria Burkart ist in Enkenbach-Alsenborn darauf gestoßen und Leo Dörr im nordpfälzischen Schweisweiler. „Saft" für Marmelade ist demnach ein pfalzweites Phänomen.

Einen brisanten Nebenschauplatz der heutigen Diskussion hat Manfred Bauer aus Ludwigshafen entdeckt: die Konsistenz des Fruchtprodukts in Abhängigkeit von der Obstsorte. „Quitteschillee" zum Beispiel sei „schwer in Ordnung", weil es ziemlich dickflüssig sei und daher vortrefflich am Brot festhafte. Dünnflüssiges „Appelschillee" dagegen sei schlimm, „denn es tropft durch die Poren des Brotes auf die Finger, in die Handfläche, man ‚versuddelt' sich den Arm bis hinein in den Hemdsärmel". Wobei festgehalten sein soll, dass

„Schillee" eine kaum veränderte Ableitung des hochdeutschen „Gelee" ist – und dass „Saach blooß" selbst solche traumatischen Erfahrungen nachweisen kann (mit Kirschmarmelade und weißen Sonntagshemden).

Doch zurück zur Pfälzer Frühstücksbrotvielfalt. Wohl ausschließlich in der Vorderpfalz zu finden ist das Marmeladen-

wort Nummer 3: „Gutsel". Mit „Mach mir doch bitte mool e Gutselbrood", brachte Egon Schmitt aus Bad Dürkheim einst seinen Wunsch nach einem Marmeladenbrot zum Ausdruck. Auch Hertha Wehr aus Haßloch und Heinz Wolfert aus Beindersheim ist das „Gutselbrot" ein Begriff, während Betty Burk und Erich Hoffmann aus Neupotz statt „Gutsel" lieber „Gutselschmeer" und in der Folge auch „Gutselschmeerbrout" sagen. Wie beim „Saft" gibt es einiges Potenzial für Verwechslungen, steht „Gutsel" doch oft für Bonbon oder Gebäck, was beides nichts auf einer Brotscheibe zu suchen hat. Für alle Bedeutungen von „Gutsel" hat bei der Namensgebung wohl die Freude am Genuss Pate gestanden: „Bei uns in Haßloch gibt's Gutsel – ääfach weil's gut isch", sagt Wolfang Hubach. Die Marmeladenwörter „Schleck-sel" (eingeschickt von Uta Müller aus Neustadt) und „Schmeersel" (von Hermann Herbold aus Ludwigshafen) scheinen zumindest klanglich vom „Gut-sel" inspiriert zu sein.

Ebenfalls nur in der Vorderpfalz wird das Wort „Mus" oder „Musel" für Marmelade verwendet – ein Anklang an das Kompott, das eine ähnliche Konsistenz hat. „Mus", „Musel" sowie „Musebrot" oder „Muselbrot" kennen Inge Schornick, Johanna Kripp und Klaus Diemer aus Ludwigshafen, Günter Steck aus Speyer sowie Anneliese Scherer aus Otterstadt. Sogar zum geflügelten Wort hat es das „Muselbrot" gebracht, wie Peter Keller aus Landau und Joachim Lehmler aus Ludwigshafen berichten: Als „Musebrotvärdel" würden Wohngebiete bezeichnet, in denen Möchtegernreiche leben. Diese belaste die Finanzierung ihrer Immobilien so sehr (sagen die Neider aus den Wohnblocks im Zentrum), dass sie sich fortan weder Butter noch Wurst noch Käse leisten können, sondern nur noch selbst gekochte Marmelade. Soll heißen: Bei Familie Neureich gibt's Musebrot als Arme-Leute-Frühstück.

Immerhin nahrhafter als ein Espresso.

FOLGE 155, ERSCHIENEN AM 4.5.2010

„HAFFE", „HAAWE" UND „DIBBSCHE"

Wenn Nordlichter im Dunkeln stehen

Im Pfälzer Küchenschrank herrscht babylonische Vielfalt

„Inkochhaawe" – für Nichtpfälzer mag das klingen wie das Maya-Wort für Weltuntergang. In Ramstein-Miesenbach jedoch wird damit ein besonders großer Topf beschrieben, in dem Obst eingekocht wird, berichten Manfred Bußemer und Heinrich Rudolphi. Soll heißen: Manchmal braucht es nicht viel, um den Rest der Welt in Verwirrung zu stürzen.

„Wollener den Hawwe hawwe?" – mit diesem schlichten Pfälzer Spruch verblüfft zum Beispiel der Ehemann von Renate Weisenstein aus Bad Dürkheim auf Urlaubsreisen gerne Nichteingeweihte („Ostfriesen, Hamburger oder Eifelaner"). „Da gehen bei den Nordlichtern die Lichter aus", schreibt die Leserin. Kein Wunder: Nur im südlichen Teil des deutschen Sprachraums ist der „Hafen" als Synonym für „Topf" gebräuchlich (ganz im Süden auch für „Tasse"). Das hindert die Pfälzer allerdings nicht daran, neben dem „Hawwe" oder dem „Haawe" auch mit dem „Topp" (Mehrzahl: „Tepp") rumzufuhrwerken. Im Norden der Republik dagegen bleibt der Hafen ganz allein den Schiffen vorbehalten.

Damit das Ganze nun nicht zu einfach wird, gibt es den Schiffs-Hafen natürlich auch in der Pfalz – die größte Stadt Ludwigshafen trägt ihn sogar im Namen. Doch im Alltag eine wesentlich größere Rolle spielt eindeutig das Küchenutensil gleichen Namens. „Nemm de große Hawwe for die Grumbeere un des kleene Häwwel fors Gemies", rät Hertha Wehr aus Haßloch allen Köchinnen und Köchen. „Latwersch" (Pflaumenmus), „Worschtsupp" oder gar die Wäsche werde im „Hawwe" gekocht, schreibt Mario Schöler aus Weilerbach und macht damit deutlich, dass sich die Pfälzer unter einem „Hawwe" ein ziemlich großes Behältnis vorstellen. Wenn man, wie

Ursula Längler aus Thallichtenberg, von einem „Hawwe voll Supp" spricht, schwingt denn auch ganz klar die Botschaft mit: Hier steht eine enorme Menge heißer Brühe zum Verzehr bereit. „Heit hosch widder een Pott voll gekocht!", könnte man da mit den Worten von Lothar Braun aus Bellheim sagen.

Astrid Neumann aus Morschheim definiert den Unterschied zwischen „Hawwe" und „Häwwelche" anhand der Herdplatte, auf der das Ding landet: Nur was „uff die klaa Platt uffem E-Herd" passt, gehe als „Häwwelche" durch, alles andere sei ein „Hawwe". Ein richtiges Mordsding ist der „Eisehaffe", in dem beispielsweise Dampfnudeln gemacht werden, schreibt Rosemarie Mathes aus Germersheim. Das Riesengerät ist bei den Ludwigshafenern Berthold Lutz und Joachim Lehmler als „Dambnudelhawwe" bekannt, in dem „Hawwedambnudle" produziert werden. („Saach blooß" will sich gar nicht ausmalen, wie diese zwei Wörter die Teilnehmer eines Deutschkurses für Anfänger – oder norddeutsche Pfalztouristen – in den Wahnsinn treiben könnten.)

Mit dem „Hawwe" lassen sich indes nicht nur Speisen, sondern auch Redensarten herstellen. Wenn Rosemarie Mathes früher, im Elternhaus, am Essen rummäkelte, bekam sie zu hören: „Waat emol ab, wann doi eichenes Häffele kocht!" Soll heißen: Wenn du mal deinen eigenen Hausstand versorgen musst, wirst du hoffentlich zu schätzen wissen, was bei uns auf den Tisch kam! Der Spruch „Dämm g'heerd mool ganz schää es Häwwel uffgedeckt!" – eingeschickt von Heinz Hener aus Maikammer – bringt dagegen zum Ausdruck, dass mit dem Kerl mal Tacheles geredet werden sollte, damit ihm ein Licht aufgeht. Hier wird das Deckel-Topf-Prinzip („Für jeden gibt es genau den richtigen Lebenspartner") mal völlig anders interpretiert: Erst wenn der Deckel gelupft wird, fällt wieder Licht auf die Suppe. Nicht verschweigen wollen wir, dass gelegentlich auch eine angeblich wenig ansehnliche Frau als „Hawwe" verunglimpft wird, wie Hans Metz aus Jockgrim und Hans Ehrhardt aus Gossersweiler-Stein schreiben („Ei heer mool, dass esch doch de reinschte Hawwe!"). Noch Härteres gibt es zu berichten: Laut Manfred Bauer aus Ludwigshafen gilt „Scheißhawwe" als eines der übelsten pfälzischen Schimpfwörter. Auch der schnäägische „Hawwegucker", dem einige Leser vorwerfen, dass er nie früh genug erfahren kann, was es zu essen gibt, sorgt nicht immer für Freude in der Küche.

Überbewerten wollen wir diese negativen Aspekte nicht. Denn in der großen Mehrzahl der Fälle wird mit dem „Hawwe" oder „Haawe" Erfreuliches verbunden. Eine besonders charmante Sonderform gibt es außerdem in der Westpfalz. „Zum Kochen nehmen wir Häbscher", schreibt Hans Mohr aus Otterbach. Auch „Milchhäbche" und „Kaffeehääbche" sind in vielen Westpfälzer Haushalten im Einsatz.

Dass der Topf-Hafen wie der Schiffs-Hafen – und somit auch alle „Häwwelscher" und „Hääbcher" – auf denselben Ursprung zurückgehen, mag verblüffen, liegt aber nahe. Sie hängen allesamt mit dem Wort „heben" (althochdeutsch: „hevan" für „fassen", „packen") zusammen – einmal als Gefäße, in denen Speisen aufgehoben werden, einmal als Ort, an dem Schiffe gut aufgehoben sind.

Und was ist nun mit dem Dibbsche? Diese niedliche Verkleinerungsform von Topf ist überall in der Pfalz bekannt, aber weniger verbreitet wie „Hawwe" oder „Topp". „Dibbscher sind für mich kleine Aufbewahrungsbehälter aus Plastik", schreibt Doris Schmid aus Kaiserslautern. „De Rescht kummt dann immer in Dibbscher zum Uffheewe", berichten auch „die Karin un die Elke vun de Haßlocher Sparkass". Gisela Schumann aus Grünstadt kennt noch „Debbe" (für Kaffeetassen), während Debbscher für sie kleine Gefäße aus Porzellan, Glas oder Steingut sind.

„Hawwe" hin, „Dibbsche" her – „Saach blooß" lässt sich jetzt einen Topf Suppe bringen, sechs „Hawwedambnudle" und danach einen Riesenpott Kaffee und macht an dieser Stelle den Deckel auf das Thema.

FOLGE 156, ERSCHIENEN AM 2.6.2010

„SCHEEL"

Ich schau dir in die Augen, Kleines

Es gibt mehr Anlässe, die Glubscher zu verdrehen,
als unsere Schulweisheit uns träumen lässt

Dass zwei Augen mehr sagen können als ein Mund, ist eine alte Weisheit. Allerdings eine, bei der einem nicht sofort die Pfälzer in den Sinn kommen. Gelten diese doch als besonders redefreudiges Völkchen. Aber auch sie können anders. Sie können zum Beispiel „scheel gugge" – wobei das Wörtchen „scheel" oder „schääl" ein Universum an Deutungsmöglichkeiten eröffnet.

Da wären der Neid und die Missgunst, zum Beispiel unter Frauen. „Die Kuh guckt jo blooß so schääl, weil ich dere mein Schorsch vor de Nas weggschnappt hab", hat uns Günter Steck aus Speyer als Zitat eingeschickt. Auch Betroffenheit lässt sich mit solchen Blicken ausdrücken. Wenn die Großmutter von Andrea Pfirrmann aus Jockgrim ihre Enkel ermahnte, nicht mehr so „rumzubäffern", schickte sie ein paar Minuten später gerne den Satz hinterher: „Guggen

nit so schääl aus de Wesch un sinn widder aaschdännich!" Soll heißen: Die zurechtgewiesenen Kleinen konnten noch so unschuldig dreinblicken, sie wurden knallhart durchschaut.

Auch abschätzend könnten solche Blicke sein, schreibt Ruth Metz aus Hatzenbühl, Erstaunen und sogar Verachtung könnten darin liegen. Und manchmal Verständnislosigkeit: „Guck mich net so scheel aa! Jetzt han ich der schun zwanzich Mol die Rechenuffgab erklärt, un als hosch se noch net kabiert", schreibt Klaus Kronibus aus Enkenbach-Alsenborn.

„Scheele" Blicke können sowohl Skepsis ausdrücken als auch Skepsis auslösen. Walter Szostak aus Brücken erinnert sich an eine Szene aus der Erzählung von Saint-Exupéry, als der kleine Prinz dem Fuchs begegnet. Der Fuchs schaue den Prinzen „verstohlen, so aus den Augenwinkeln" (auf gut Pfälzisch:

„scheel") an, und bringe so seine anfänglichen Vorbehalte gegen den Unbekannten zum Ausdruck. Sogar Feindseligkeit könne auf diese Weise signalisiert werden, meint Heinz Wolfert aus Beindersheim. Umgekehrt funktioniert es hier: „Schorsch, guck emol, do vor unserm Gaarte laaft schun die ganz Zeit änner am Zaun hie un her un guckt so scheel newenaus. Mir scheint's, als hätt der nix Gures im Sinn." Hier sind es die scheelen Blicke selbst, die Anlass zur Sorge geben.

Was zeichnet den „scheele Blick" nun aus? Die offensichtliche Nähe zum Hochdeutschen „schielen" liefert die Lösung: Es ist die Stellung der Augen, die hier für Aufsehen sorgt. „Die is so scheel, die sieht kän Mewelwache uff zeh Meeder Entfernung", sagt Marlies Moos aus Frankenthal. „Die war jo so was von schääl, die hot mit ääm Aag des Rothaus vun Ludwigshaffe ogucke känne un mit dem annere des Mannemer Schloss", meint Bernhard Gabauer aus Ludwigshafen. Manfred Bauer aus Ludwigshafen setzte noch zwei drauf: „Dem Guscht sei Fraa is so was vunn schääl, die kann beim Wesch uffhänge mit em ääne Aach uff die Lein unn mit'm annere in de Klammersack gucke", und: „De Eddeward schielt so schlimm, dass em, wanner greint, die Träne de Buckel nunnerlaafen." „Scheel" oder „schääl" wird manchmal sogar im Sinne von blind verwendet: „Ä schääles Hinkel find ach ämol ä Korn", schreibt zum Beispiel Rosemarie Mathes aus Germersheim.

Bei so viel Freude am Sich-über-andere-lustig-Machen ist es kein Wunder, dass „scheel" auch Eingang in die Pfälzer Schimpfwortwelt gefunden hat. „Ei du Bankert, ei du scheeler, ei du Rindvieh, du Kamel, ei, was bischd dann du for ääner, ei, was

guckschde dann so schääl", heißt es zum Beispiel in einem bei vielen Lesern bekannten Pfälzer Stimmungslied. „Schääli Kuh" und „Du Babbsack, du schääler!" sind zwei Schmähbeispiele, die Heinrich Rudolphi aus Ramstein-Miesenbach eingeschickt hat. Ebenfalls beliebt: „Du scheeler Hund!" In manchen Fällen wird dem Gescholtenen hier Heimtücke unterstellt, schreibt Walter Szostak. Es kann aber auch darum gehen, beispielsweise einem Schiedsrichter vor Augen zu führen, dass er Tomaten auf denselben hat, formuliert es Hans Estelmann aus Böchingen.

Der Ursprung des Worts „scheel" liegt im Indogermanischen. Es war im Althochdeutschen als „scelah" für „schief", „schräg", „krumm" verbreitet, wie Inge Schornick aus Ludwigshafen und Lothar Braun aus Bellheim herausgefunden haben. Der Weg zum Schielen und zum Pfälzer „scheele Blick" ist da nicht mehr weit. Auch die Krankheit Skoliose, eine Verkrümmung der Wirbelsäule, geht auf diese Wortwurzel zurück, wie Margit Moos berichtet. Ob ein krummes Kreuz kriegt, wer dauernd den Kopf drehen muss, weil er sonst nix sieht, können wir nicht mit Sicherheit sagen. Bei folgendem Dialog von Manfred Bauer könnte es aber durchaus so weit kommen:

„Oddo, do, en Storch!"
„Wo, Erna?"
„Do!" Sie fuchtelt in der Luft herum.
„Wo do?"
„Do! Do!"
„Ich seh nix."
„Ich saach's jo immer, scheel wie e Grott!"

Bevor jetzt jemand anfängt, uns „scheel aasegucke", wollen wir's für diesmal gut sein lassen.

FOLGE 157, ERSCHIENEN AM 18.6.2010

„E GEWIDDER, DUNNERKEIDEL!"

Jetzt knallt's!

Wenn Pfälzer (ausnahmsweise mal) fluchen,
dann sind sie mit den Göttern im Bunde

Es gibt Volksstämme, die fluchen leidenschaftlich und herzerweichend. Wenn ein Bayer mit „Himmelherrgottsakra ..." oder „Kreizkruzefixhalleluja ..." loslegt und dann endlos so weitermachen kann, bleibt kaum ein Auge trocken. Pfälzer sind da anders. Sie verfügen zwar über eine schier unendliche Zahl von Schimpfwörtern, doch beim Fluchen halten sie sich erstaunlicherweise zurück. Sie kennen keine zig verschiedenen Flüche. Wenn sich ihr Frust entlädt, dann fast immer in Form von Blitz und Donner – sprachlich gesehen.

„E Gewidder noch emool!"
„E Gewidder, Dunnerkei(de)l!"
„E Gewidder, Feier, Erika!"

Diese drei Varianten hat Ingrid Hoffmann aus Offenbach eingeschickt und damit schon einen Großteil des Pfälzer Fluch-Repertoires aufgezählt. „Alle drei stehen für: Schimpfen, wenn etwas nicht so klappt, wie man will", schreibt die Leserin. Klare Sache: So, wie Blitze sich aus dem Himmel entladen und auf der Erde einschlagen, so knallen diese Pfälzer Flüche. Sie verkörpern die unausgesprochene Hoffnung des Schreiers, das verdammte Problem möge an der nächsten Wand zerschellen – was es natürlich nicht tut.

Wer sich nämlich, wie einst der Großvater von Gisela Schumann aus Grünstadt, mit dem Hammer auf den Daumen haut, kann noch so laut „Dunnerwedder nochemol" rufen und sogar ein „noch eninn!" hinten anhängen: Er wird doch geduldig warten müssen, bis der Schmerz nachlässt. Denn der kehrt nach der ersten Befreiung durch den Aufschrei wieder.

Es ist nicht nur der Schmerz, der laute Reaktionen hervorruft. Uta Müller aus Neustadt hat die verschiedenen Gefühlsregungen herausgearbeitet, die sich per „Gewitter" zum Ausdruck bringen lassen:

Ungeduld: Gewitter nochemol, ich kriech den Fade net in des Nadelöhr!

Erstaunen: Ei Gewitter, is des awwer en Riesehirsch!

Erschrecken: Ach Gewitter, is des dunkel! Mer sieht jo sei eicheni Hand nimmi vor de Aache!

Zorn: E Gewitter Dunnerkeidel, der Krach mit denne Vuvuzelas reecht mich uff! (Diese Folge erschien während der Fußball-Weltmeisterschaft 2010 in Südafrika, Anmerkung des Autors).

Verwünschung: De Blitz soll dich treffe!

So schlicht und schmucklos die Pfälzer Flüche daherkommen:

Spätestens an dieser Stelle hat „Saach blooß" beim Lesen den Kopf eingezogen. Ändert sich in der letzten und schärfsten Version doch die Perspektive. Geht es beim Durchschnittsfluch in der Regel darum, sich mal kurz und ungerichtet Luft zu machen, kann man aus der Verwünschung durchaus bösen Willen herauslesen. „Do soll doch gleich de Blitz noihaache!" (hochdeutsch: reinhauen), lautet die nicht weniger scharfe Version von Günter Steck aus Speyer, die deutlich Abscheu erkennen lässt. Lothar Braun aus Bellheim hat solch ein Beispiel auch in der Pfälzer Mundartliteratur entdeckt. „De Bellemer Heiner" habe in seinem ersten Gedichtband „Knepp und Schnitz" (erschienen 1920) die Zeilen geschrieben: „E Himmelfeierdunnerkeil, du sellscht doch glei verrecke!"

Der Ursprung all dieser Flüche liegt auf der Hand: Wo Blitze zucken und Donnerschläge hallen, wecken sie menschliche Urängste. Die Götter in der germanischen, griechischen oder römischen Mythologie nutzten Blitz und Donner, um Angst und Schrecken zu verbreiten. Der Gott Donar (im Norden Thor genannt) war Namensgeber des Donners und zugleich einer der höchsten Götter der Germanen, wie Lothar Braun schreibt. Joachim Lehmler aus Ludwigshafen erzählt, dass Donar nicht nur mit seinem Hammer, sondern auch mit Keilen (Pfälzisch Keil oder Keidel) um sich geworfen habe. „Gewitter haben mit ihrer Urgewalt die Menschen schon immer erschreckt, vor allem, als diese die physikalischen Zusammenhänge noch nicht kannten", erklärt der Leser. Auch die alten Griechen hätten geglaubt, dass Zeus, ihr höchster Gott, sie mit Blitzen bestrafe, weiß Uta Müller.

Immerhin: Nicht Blitze, sondern nur die Schultern unserer Leserinnen und Leser zuckten, was die von „Saach blooß" in die Diskussion geworfene Variante „Gewidder, Feier uff e Eck!" angeht. „Noch nie ebbes devu geheert", „damit kann ich absolut nichts anfangen", „dazu fällt mir nichts ein" – das waren die Reaktionen der großen Mehrheit. War „Saach blooß" da vielleicht dem eigenen eigentümlichen Sprachgebrauch auf den Leim gegangen? Nein! Denn einige Südpfälzer sind uns zur

Seite gesprungen: Den Spruch „E Gewitter uff e Eck, bänn ich änn Dabbschädel!" kennt nämlich auch Hans Estelmann aus Böchingen. Und Hans Ehrhardt aus Gossersweiler-Stein schickte das Zitat: „E Gewidder uff e Eck, hoscht du e scheenes Danzklädel aa! Do fallen jo de Buuwe die Ääche ausem G'sicht!"

Da hat „Saach blooß" also noch mal Glück gehabt. Auch deshalb, weil das letzte Beispiel ein klein wenig versöhnlich stimmt. Denn hier wird der Ausruf „E Gewidder uff e Eck" tatsächlich anerkennend verwendet (obwohl der Spruch im Wortsinne das Gegenteil bedeuten dürfte: Ein Gewitter auf Euch!). Und diese Anerkennung ist noch nicht einmal ein Einzelfall. Auch das „Dunnerwedder" kann, wenn es alleine steht, als Lob gemeint sein, erklärt Günter Steck. Sein Beispiel: „Dunnerwedder, des het ich dämm nit zugetraut!" – Donnerwetter!

Doch es hilft alles nichts: Wir müssen diese verfluchte Folge standesgemäß ausklingen lassen: „Gewidder, Kreiz, Feier, du dabbischer Babbelsack, halt liewer die Schlapp ...!", schreibt Manfred Bauer aus Ludwigshafen. Ist ja schon gut.

FOLGE 158, ERSCHIENEN AM 8.7.2010

„AUE", „AACHE", „ÄÄCHE", „AA"

Die Augen sind zum Hören da

So verraten uns Pfälzer, wo sie herkommen

Ob man es Pfälzern an den Augen ansieht, aus welchem Teil der Pfalz sie stammen? Natürlich nicht. Das geht viel einfacher: Man hört es ihnen an den „Augen" an. „Es gibt kaum ein pfälzisches Wort, an dem man so gut erkennen kann, woher der Pfälzer kommt", schreibt Uta Müller aus Neustadt und verweist auf die Laut-Versionen von „die Aue", „die Aache", „die Ääche" bis „die Aa".

Fangen wir im Westen an. Ganz klar: In Kaiserslautern sagt man Aue, berichtet Benno Rahm. Auch in Ramstein-Miesenbach spricht man von Aue – von Stiel- und Glotzaue erzählen Manfred Bussemer und Heinrich Rudolphi. Schlafmützen im Westen „kriggen die (Boll-)Aue net uff" und werden mit dem Vorwurf konfrontiert: „Hasche kee Aue im Kopp?" Doris Frey aus Hütschenhausen und Suse Buchheit aus Pirmasens haben diese Sätze eingeschickt. An der Lautfolge

„Aue" für „Augen" ist im Westen kaum zu rütteln, allerdings wird sie hin und wieder dadurch vermieden, dass man statt „Aue" auch „Guggelscher" sagen kann, wie einige Zuschriften belegen.

Der einzige Hinweis auf die Lautvariante Aue in der Nähe der Rheinebene stammt aus Grünstadt und von Gisela Schumann: „Erscht werft ma e Au auf jemmand, dann macht ma sich scheene Aue, unn irchendwann emol gehen em die Aue off un beide zum Kadi." So schildert die Leserin in gebotener Kürze den unglücklichen Verlauf einer Liebesbeziehung. Solch (späte) Erkenntnis sei aber nicht jedem vergönnt: Wem „in die Aue geschess es" (wessen Sicht also, bildlich gesprochen, durch Exkremente getrübt ist), der dürfe nicht damit rechnen, „dass em die Aue offgehn".

Wer sich von der Südwestpfalz aus der Haardt nähert, wird Augen machen, wie schnell sich das Lautbild ändern kann. Heißt es in Waldfischbach-Burgalben noch: „Ei Kind, was hasche doch fer schäne bloe Aue", wie Uta Fasco schreibt, so wird daraus in Spirkelbach (wenn auch in etwas anderem Zusammenhang): „Bassemol uff, sunscht haa isch der uffs Ääch un un uffs anner Ääch äch", sagt Volker Damian. Der Spirkelbacher Klaus Hollinger bestätigt den Lautwandel von „au" zu „ääch", der in weiten Teilen der Südpfalz zur Gewohnheit wird. „Das sieht doch en Schääler, dass die e Ääch uff dänn Heiner hot", lautet ein Anwendungsbeispiel von Hans Ehrhardt aus Gossersweiler-Stein.

Laut Lothar Braun, der in Bellheim lebt, fallen einem sowohl dort als auch in seinem Heimatort Roschbach „die Ääche aus'em Kopp", wenn man des Staunens nicht mehr Herr wird. Zusammensetzungen wie „Äächedokda" (Augenarzt), „Ää-chewasser" (Tränen) und „Äächeglas" (Brille) hat denn auch Hans Metz in seinem Jockgrimer Dialektbuch zusammengetragen. Und Günter Steck aus Speyer klingt die Sprechweise seines alten Freunds Gustel aus Kuhardt im Kreis Germersheim in den Ohren, wo Sätze zu hören sind wie: „Heerscht jetzt uff se rääche, mir geht doin ganzer Rääch in die Ääche." Leser Steck selbst vermeldet aus Speyer dagegen die nächste Laut-Variante: „Doi rechtes Aach is jo ganz bloo, war des dei Fraa?" Diese gelte fast ausnahmslos für die gesamte Rhein- und Kurpfalz.

Die „Ääche-Aache-Grenze" dürfte unter anderem zwischen der Stadt Germersheim und ihrem Stadtdorf Sonderheim verlaufen, wie Rosemarie Mathes festgestellt hat: „In Germersche hot mer Aache im Kopp, awwer schunn in Sunnre hänn se Ääche", schreibt die Leserin. Auch in Neustadt und Birkenheide

sind „Aach" und „Aache" erste Wahl, wie Klaus Riebel und Doris Rittmann schreiben.

„Dem hawwen se was uffs Aach gedrickt", würden „die Karin un die Elke vun de Haßlocher Sparkass" sagen, wenn jemand bei der Zuteilung unangenehmer Aufgaben sehr großzügig be-

dacht wurde. Wer – beim Essen, nicht bei der Arbeit – den Hals nicht voll kriegt, dem würde Inge Schornick ein „Aache greeßer wie de Maache!" zurufen, denn speziell bei den Ludwigshafenern ist die Variante „Aache" konkurrenzlos. Dazu passt die Anmerkung von Joachim Lehmler: „Es soll Leit gewwe, die hänn e Aachemoß wie e wiedischie Katz." Wenn das Essen allerdings so fettarm ausfällt, dass beim besten Willen niemand satt werden kann, würde Manfred Bauer sagen: „Die Supp is heit widder ziemlich dinn geroote, do gucken määner Aache noi wie naus." – „Aache mache" ist Marianne Schöndorf als Ausdruck der Überraschung geläufig.

Bleibt noch der Pfälzer Norden. Aus Winnweiler berichtet Karlfried Obenauer von einer vierten Lautvariante. Er sagt: „Mach doch dei Aa uff, wann der's aa schweerfallt." Die Wörter „Augen" und „auch" sind hier nur noch im Sinnzusammenhang zu unterscheiden.

Bevor jetzt jemand „es Aach stellt (oder natürlich „es Au", „es Ääch" oder „es Aa"), drücken wir für heute ein Auge zu und nehmen schon die nächste Folge ins Auge. Bitte umblättern ...

FOLGE 159, ERSCHIENEN AM 5.8.2010

„HOPPDIDDEL"

Im Reich der Mitte

Irgendwo zwischen Hüpfdohle und Lahmarsch
liegt der goldene Pfälzer Schnitt

Schimpfwörter für Langweiler, Weicheier und Trantüten gibt es in der Pfalz unzählige. Von „Ha(h)nebambel" bis „Sunsebrunzel", von „Labbeduddel" bis „Tranfunzel", von „Schloofkobb" bis „Lahmarsch" – der Dialekt sprudelt über von Schmähungen für Menschen, die ihr Leben langsam, ungeschickt und ohne jeden Antrieb angehen. „Dämm kammer beim Laafe die Schuh besohle" oder „däre muscht de Arsch hinnenoochdraache" sind typische Formulierungen, gemünzt auf die Spezies der Schnarchsäcke und Schlafmützen.

Die Antipathien sind so klar gesetzt, man könnte auf den Gedanken kommen, die Sympathien der Pfälzer lägen eindeutig auf der gegenüberliegenden Seite des charakterlichen Spektrums: bei den Lebendigen, Dynamischen, Forschen, die durchs Leben hüpfen statt zu schlurfen. Doch so klar ist die Sache auf

keinen Fall. „Isch des en Hoppdiddel!", klingt uns noch heute der empörte Ausruf der Südpfälzer Oma im Ohr, die zugleich ihre Stirn bis zum Bersten runzelte und so maximale Missbilligung signalisierte. Als „Hoppdiddel" galten ihr Menschen, die unablässig irgendwelche Gliedmaßen in Bewegung setzen mussten (und meistens auch ihr Mundwerk) – zum Beispiel der französische Komiker Louis de Funès oder sein US-Kollege Jerry Lewis.

„Ein Hoppdiddel ist ein lustiger, fahriger Mensch", erklärt ein Leser aus der Südpfalz, sein Anwendungsbeispiel lautet: „Der hubbst wie en Hoppdiddel iwwer die Schtrooß." Da passt ins Bild, dass Inge Schornick aus Ludwigshafen den „Hoppdiddel" als „Bruder Leichtfuß" bezeichnet, der die Konsequenzen seines Tuns gerne ausblende. „Der Hoppdiddel ist ein unzuverlässig arbeitender Mensch, gleichzeitig eine kindische Person", sagt Reinhard Hartmann aus Kaiserslautern. Anita Burckhardt aus Enkenbach-Alsenborn ist das Wort „Hoppdiddel" zwar noch nicht untergekommen, doch ihr klingt es ebenfalls danach, „als müsste bei diesem Zeitgenossen immer alles hoppla-di-hopp gehen"; vor lauter „dabber, dabber" werde der „Hoppdiddel" dann schludrig, und am Ende komme es zum selben Ergebnis wie beim „Labbeduddel": „Er ist nur halb angezogen oder die Arbeit ist nur halb erledigt" – der Rest wurde schlicht vergessen. Sie selbst, schreibt die Leserin, würde so eine Person als „Rennschees" bezeichnen – was, sprachlich gesehen, eine Verwandte der in der Westpfalz ebenfalls bekannten „närrische Halbschees" sein dürfte. Joachim Lehmler aus Ludwigshafen würde so eine Person dagegen eher einen „Hollefiddel" nennen. An Alternativen sind außerdem noch „Hoschbel", „Hoschbes" oder „Hoschbelsgääs" (alias „närrischi Kuh") als Bezeichnungen für die pfälzischen Nervenbündel in Gebrauch: Menschen, die sich vor lauter Hektik selbst überholen, also: verhaspeln – und zwar nicht nur beim Reden, sondern auch beim Tun.

Die Frage nach dem Sympathiewert des „Hoppdiddel" und seiner sprachlichen Brüder und Schwestern lässt sich nicht eindeutig beantworten, womit sie schon mal besser dran sind als „Tranfunzel", „Labbeduddel" & Co., die kein Mensch freiwillig auf die eigene Party einladen würde (es sei denn spät in der Nacht als Stimmungstöter, wenn man endlich ins Bett will). „En Hoppdiddel is e iwwerzwerchi Person, awwer eigentlich gonz klor", sagen „die Karin un die Elke vun de Haßlocher Sparkass". Der „Hoppdiddel" zähle zu den harmlosen Schimpfwörtern, die nicht böse gemeint

sind, glaubt auch Joachim Lehmler. Diese würden eher dafür genutzt „unseren Umgangston aufzulockern oder, nach heutigem Sprachgebrauch, ‚cool' zu machen". Der „Hoppdiddel" stände damit auf der Beliebtheits-Rangliste in der Nähe beispielsweise des „Scho(u)

de", also des unverbesserlichen Kindskopfs: Er ist „känn letzer Kerl". Klaus Juner aus Herschberg dagegen hat den „Hobbediddel" beim Pirmasenser Heimatdichter Kieffer Lui entdeckt, wo er als „verkehrter Mensch" bezeichnet werde, was nun beim besten Willen nicht mehr als freundliches Urteil gewertet werden kann.

Was können wir aus alledem lernen? Wenn die Pfälzer Sie, liebe Leserinnen und Leser, mögen oder wenigstens nicht beschimpfen sollen, dann seien Sie weder zu langsam noch zu schnell, weder zu zurückhaltend noch zu motiviert, weder zu steif noch zu gelenkig. Gehen Sie allem aus dem Weg, sonst geht das schief mit Ihrer Beliebtheit im Reich der Pfälzer Mitte.

Folge 160, erschienen am 12. 10. 2010

„LIDDRICH"

Ich will dir treulich dienen!

Zu nix zu gebrauchen? Wenigstens sprachlich
gibt das Pfälzer Wort für „liederlich" was her

Sie kennen das: Der Druckknopf des Kugelschreibers versagt, wenn Sie schnell eine Telefonnummer notieren müssen. Der Kartoffelschäler ist nach der ersten Grumbeer stumpf wie Seife. Die Streben Ihres Regenschirms brechen bei Windstärke eins. Kurzum: Sie haben es mit einem Gegenstand zu tun, der überhaupt nichts taugt. Was tun? „Saach blooß" rät: Schimpfen Sie lauthals über das „liddriche Drecksding" und wenden Sie sich dann, zur Erbauung, den vielen Facetten des Wörtchens liddrich zu.

Unbrauchbar, minderwertig, unnütz – so lässt sich seine Bedeutung umschreiben. Uns fällt spontan noch die „liddriche" Abrissvorrichtung an Haushaltsfolienrollen ein, mit denen man sich eher einen Finger abtrennt, als unfallfrei ein Stück Cellophan in die gewünschte Größe zu bringen. Elke Plass-Mackensen aus Niederkirchen musste in den vergangenen Wochen nur aus dem Fenster schauen, um zu dem Schluss zu gelangen, dass uns „liddrichs Wetter" den August verdorben hat – Sauwetter halt.

Wenn es indes um Arbeiten geht, die „liddrich" ausgeführt wurden, kann das Wort auch „oberflächlich" oder „schludrig" bedeuten. „Fer so ä liddrich gemachdi Reberadur haww'isch aa noch än Haufe Geld bezahlt", klagt Bertram Steinbacher aus Lingenfeld. „Die Hitt do isch so liddrich gebaut, dass mer denkt, die brechd glei zamme", wundert sich Heinz Hener aus Maikammer. „Pfusch" wäre das Wort, mit dem sich liddriches Wirken auf den Punkt bringen lässt. Auch eine Handschrift kann liddrich sein, sagt Heinrich Rudolphi aus Ramstein-Miesenbach: „Dem sei liddrich Gekritzel kann jo kää(n) Mensch lese."

Es ist diesmal kein Geheimnis, wo das Dialektwort seinen

Ursprung hat. „Liddrich kann meines Erachtens nur eine schnoddrige Abkürzung für liederlich sein", erklärt Marga Stühler und sieht sich darin mit zahlreichen Lesern einig. Unordentlich, nachlässig, verkommen und unmoralisch – das sind die Bedeutungen des hochdeutschen Worts, die sich in der Pfälzer Kurzform nicht verändern.

Mindestens ebenso oft, wie „liddriche" Gegenstände verflucht werden, wird das Wort – wie im Hochdeutschen – einem Menschen gewidmet. Liesel Dries aus Hochstadt und Ruth Metz aus Hatzenbühl würden arbeitsscheue Menschen als „liddrich" bezeichnen. Uta Müller aus Neustadt spricht in solch einem Fall auch von einem Liedrian oder Liederjan. Dieser zeichne sich dadurch aus, dass er „ausschweifend, sittenlos, ohne Moral" lebe, sagt Joachim Lehmler aus Ludwigshafen. Lothar Braun aus Bellheim spannt den Bogen zu „lottern", „Lotterleben" und „Lump", Heinz Hener bringt den charakterschwachen bayernstämmigen „Hallodri" ins Spiel. Karl Kayser aus Bad Bergzabern hat auch noch einen Verwandten in der Schweiz entdeckt. In einem Mundartlied heißt es bei unseren Nachbarn: „Der Faulenz und der Lüderli sind beide gleiche Brüderli."

Aber keine Sorge, liebe Männer. Auch die Damenwelt kriegt beim heutigen Thema ihr Fett ab – und wie. „E lidderliches Weibsbild führt einen anrüchigen Lebenswandel, zum Naserümpfen halt", schreibt beispielsweise Rudolf Walther aus Großkarlbach. „Liddrich bewegt sich im semantischen Bereich von schlampig und Schlampe", sagt Klaus Gröschel aus Neustadt, der sich zudem an einen Spruch aus den 50-er-Jahren erinnert: „Des is e liddriches Luder." Man hätte damals auch sagen können „e lirrerisches Stegg" (also: Stück), vermeldet

„Was fer e liddriches Ding!"

Gisela Schumann aus Grünstadt. Es habe Zeiten gegeben, da habe ein angeblich zu kurzer Rock ausgereicht, um solch eine Schmähung auszulösen.

Ein gediegen derbes, aber immerhin nicht nur frauenfeindliches Anwendungsbeispiel hat Joachim Lehmler parat: „Mei Fraa is e lidderlichie Schlamp. Immer, wann ich oowends hääm kumm un will in de Wasserstää pinkle, steht noch's Gscherr drin vun middags." Gertrud Schlösser aus Rheingönheim, die das Wort auch aus dem nordpfälzischen Ransweiler kennt, führt uns wieder auf einen geschlechtsneutralen Pfad: Liddrich sei ein Mensch, „wenn er keinen guten Lebenswandel hat – oder wenn er schlecht angezogen ist".

Oft steht liddrich nicht für schwere moralische Verfehlungen, sondern ganz einfach nur für „faul", „bequem" und „träge". Gerd Stäheli aus Ludwigshafen-Oppau hat über 40 Jahre „in de Anelin" gearbeitet, also bei der BASF in Ludwigshafen. Ihm klingt bis heute ein Vierzeiler in den Ohren, den ihm seine Mutter vor über 50 Jahren am Bett vortrug, wenn er in seiner Ausbildungszeit montagmorgens mal wieder nicht aus den Federn kam, weil es am Abend zuvor spät geworden war:

„Liddrichkeit, verloss mich net,
ich will der treulich diene.
In d' groß Fabrik, do will ich net,
do sin so viel Maschine."

„Meine Mutter wollte damit sagen, dass ich ‚en fauler Strick' bin", erinnert sich der Leser. Die sarkastische Botschaft, alles andere als liddrich gedichtet, ist haften geblieben ....

FOLGE 161, ERSCHIENEN AM 9.9.2010

„LÄÄD", „LÄÄRICH"

Das Unlust-Prinzip

Fünfmal die Woche Käsespätzle? Das muss nicht sein!

„Eigentlich war ich's jo läärisch, an „Saach blooß" se schreiwe un dann doch werre nix vun mir in de Zeidung se lääse", sagt Elisabeth Mechnich aus Bad Dürkheim, fügt zum Glück aber ein dickes „Aber" an: „Awwer isch wollt uubedingt erkläre, wie mer sich ,de Lääre hole' kann: wammer nämlich uffem Worschtmarkt jeden Dag e Dutt voll Mohrekepp esst."

Helga Jungen aus Carlsberg hat zum Thema „de Lääde hawwe" gar ausführlich ihre (Leidens-) Geschichte mit unserer Serie aufgeschrieben. Wie sie „seit Johr un Dag" regelmäßig ein „Uffsätzje" für die aktuelle „Saach-blooß"-Folge schreibt, es abschickt und dann „wartet und wartet". Wie sie Tag für Tag morgens um vier Uhr an den Briefkasten geht, bis „Saach blooß" endlich erscheint. „Dann sterz ich mich druff, les dorch und merk bald, es is schun widder nix vun meer debei. Do hab ich mer doch so viel Mieh geb. Die Kamerade frogen: Hasche die Tour nix ferdich gebrung? Jetzt is mer de ganze Dag versaut. Ich han de Lääde. Ich mach nix meh. Solle sich die annere die Kepp zerbreche."

Beide Zuschriften zeigen: Mit unserer Frage nach der erstaunlichen pfälzischen Redensart „de Lääde (oder: de Lääre) hawwe" haben wir sehr praxisnahe Anwendungsbeispiele provoziert. Besser gesagt, die Leserinnen haben ein heißes Eisen angepackt. Tatsächlich finden bei Weitem nicht alle Zuschriften ihren Weg in die jeweilige Folge. Der Grund ist einfach. Uns erreichen stets so viele Briefe, Faxe und E-Mails, dass wir auswählen müssen (und dürfen), welche davon zu der jeweiligen Geschichte passen. Soll heißen: „Nix fer uuguut" und bittebitte nicht „de Lääde grieche": Machen Sie weiter mit bei unserer Serie über pfälzische Begriffe und Redensarten!

Doch zurück zum Geschäft. „Ich hab de Lääde" beschreibt die Situation, wenn man einer Sache überdrüssig ist oder die Schnauze so richtig voll hat", schreibt Thomas Zech aus Bobenheim-Roxheim – das kann einem nervtötenden Gegenüber gelten, der einen stundenlang zulabert, oder einem Gericht, dem man selbst zu häufig zugesprochen hat (Essen Sie mal fünf Tage in Folge Käsespätzle). „Ich hunn de Lääre" oder „Ich bin's läärisch" ist die west- und nordpfälzische Variante. Man hat etwas „tausendmal erklärt" und deshalb nun „keine Lust mehr", erklärt Karlfried Obenauer aus Winnweiler.

„Der Ausdruck ,de Lääde hawwe' ist einer der wenigen, die sich nicht Wort für Wort ins Hochdeutsche übertragen lassen", hat Hermann Grundhöfer aus Harthausen festgestellt. Tatsächlich wäre die Übersetzung „Ich habe den Leiden" in etwa so geschickt wie der Satz: „Ich habe das Kopfenkissen ausgeschüttelt", wenn es ums pfälzische „Kobbekisse" geht. Oder der pfälzisch-hochdeutsche Hinweis: „Ich stelle die Kiste jetzt da hinten anten."

Warum die Pfälzer die Wendung „Ich bin es leid" substantiviert haben, warum also das Leid als Hauptwort erscheint, ist unklar. Fest steht nur: Hier zeigt der Dialekt dem Hochdeutschen konsequent die Zähne. Denn es gibt noch eine verwandte Formulierung: „Graadselääds" sagt man in der Pfalz, wo es auf Hochdeutsch „zum Trotz" heißen würde, sagt Doris Rittmann aus Birkenheide. Die Wort-für-Wort-Übersetzung „Gerade zum Leiden" wäre auch hier völlig unsinnig, doch die Botschaft ist unmissverständlich: Hier geschieht etwas nur aus dem Grund, dass der andere leiden – oder zumindest den Spaß verlieren – möge. Womit wir wieder beim „de

Lääre grieche" sind. Klaus Grö-schel aus Neustadt vermutet hinter der Formulierung „eine Art Pfälzer Weltschmerz", andere – wie Manfred Bauer aus Ludwigshafen – gehen von einer grundlegenden und tief reichenden Frustration aus, ausgelöst von Konkretem: „Ich will nimmi, ich kann nimmi, ich hab die Schnauz, die Nas gschdriche voll. Schluss, fertig aus, ich mach jetzt die Hack raus, de Sack zu, klapp es Buch zu, ich habb känn Bock mä, ich hab die Flemm, bis do hie unn net weiter, Ende vun de Fahnestang, Sense. Ihr känt mich jetzt all emol, wanns sei muss, aa mit Anlauf ..." Wenn der Ärger mal so tief sitzt, ist es nicht mehr weit bis jemand „de Beddel hieschmeißt", wie Peter Keller aus Landau es formuliert.

Klaus Kronibus aus Enkenbach-Alsenborn (der es, sehr zu unserer Freude, „läädich" war, nicht mehr an „Saach blooß" zu schreiben), hat uns nicht nur knackige Anwendungsbeispiele beschert („Doi äfäldichi Kocherei bin ich jetzt läärich!") sondern weitere leidvolle Wortkonstruktionen: „Vater zum Sohn: Mit wellem läädlewiche G'sicht laafsch dann du do wärre rum?" – hier lebt der Sohn sein Trübsal, sein Das-Leben-leid-Sein, offensichtlich mimisch aus. Außerdem hatte der Leser einst einen Herrn im Bekanntenkreis, der den Spitznamen „de Läärich" trug – wegen seiner Miesepetrigkeit. Vielleicht hatte „de Lää-rich" aber auch nur „den Generalekel", wie Rosemarie Mathes die Bedeutung unserer heutigen Redensart auf den Punkt bringt.

Und wie kommt „Saach blooß" nun raus aus dieser Spirale von Lethargie und Überdruss, von Pessimismus und Lustlosigkeit, die uns das leidige Thema „de Lääde hawwe" beschert hat? Wir lassen die Folge mit einer Bemerkung von Inge Schornick aus Ludwigshafen ausklingen, die es nicht an Optimismus und Tatendrang für unsere Serie fehlen lässt – auch wenn eigene einschlägige Erfahrung mit „Saach blooß" durchschimmert: „Ich bin es trotz allem nicht leid, bei „Saach blooß" mitzumachen ..."

FOLGE 162, ERSCHIENEN AM 7.10.2010

„DIE FÄNG GRIECHE"

„Vun dänne, wu nix koschden"

Auch in der Pfalz gilt: Nehmen Sie nicht alles an,
was Ihnen angeboten wird!

> „Durch Vernunft, nicht
> aber durch Gewalt, soll
> man die Menschen zur
> Wahrheit führen."
> **Denis Diderot**

> „Jeder hat so viel Recht,
> wie er Gewalt hat."
> **Baruch de Spinoza**

> „Leichte Schläge auf den
> Hinterkopf fördern das
> Denkvermögen."
> **Volksweisheit**

Man mag rohe Gewalt noch so sehr ablehnen – im Pfälzischen hat sie ihren festen Platz. Die allgegenwärtige Redewendung „die Fäng grie(ch)e", ist der schlagende Beweis. Während Ingrid Hoffmann aus Offenbach noch vorsichtig in die Vergangenheit weist – „Wann d' jetz nit parierscht, griechscht dei Fäng!" sei eine früher oft gebrauchte Redensart, schreibt sie – sagt Bertram Steinbacher aus Lingenfeld ohne Umschweife: „Heit krigscht doi Fäng!" sei ein Pfälzer Standardspruch. Dieser komme zum Einsatz, wenn jemand etwas ausgefressen habe und das nun körperlich büßen müsse. „Die Redensart bedeutet ‚Schläge oder Hiebe empfangen' beziehungsweise ‚eine Tracht Prügel bekommen', erklärt auch Heinrich Rudolphi aus Ramstein-Miesenbach. Und Heinz Wolfert aus Beindersheim fügt hinzu: „Die Fäng griche" heißt: „Jemand wird verhauen."

Die gute Nachricht: Sehr häufig bleibt es, wenn es um „die Fäng" geht, bei der bloßen Drohung. Die schlechte Nachricht: Diese Drohung taucht im Pfälzischen in so vielen Varianten auf, dass einem angst und bange werden kann. Die Beispiele von Doris Rittmann aus Birkenheide liefern maximale Abschreckung in nur drei Worten: „Ich bumb dich, dresch dich, dengel dich, wiggs dich, wesch dich, haa dich, schrubb dich, schlaa dich!" Sprachlich und inhaltlich ausufernde Versionen hat dagegen Manfred Bauer aus Ludwigshafen parat. Sie reichen von brutal – „Dir schlaa ich so uff die Gosch, dass d' mit de Zäh im Arsch Klavier spiele kannscht!" – bis rätselhaft: „Bass norre uff, sunscht gebbt's vun denne, wu nix koschden!" Außerdem im Angebot: „Isch batsch disch, dass d' die Engel im Himmel singe heerscht!" Und (eingeschickt von Bruno Seeger aus Oggersheim): „Es gebbt glei änni uff die Fressleischt!"

Kleiner Tipp: Spezialisten in Sachen Einschüchterung verbinden ihre Drohungen gerne mit einer Beleidigung, um den Gegenspieler in eine auch psychologisch schwache Position zu manövrieren: „Horchen emol, ehr Drawande, wann's jetzt kä Ruuh gäbbt, griechen ehr allminanner eier Fäng", schreibt zum Beispiel Liesel Dries aus Hochstadt. Oder: „Wann ich dich noch äämol unner dem Koores do beim Raache vewisch, griesche ganz gewaldich doi Fäng", heißt es in der Einsendung von Klaus Kronibus aus Enkenbach-Alsenborn. Was aber, wenn es nicht bei Worten bleibt, wenn also Taten folgen? Manfred Bauer spricht nicht zufällig von Redewendungen, „die nicht allzu reformpädagogisch eingestellten Erziehungsberechtigten leicht aus dem Handgelenk kommen" sowie von der „per Rohrstock verordneten körperlichen Ertüchtigung" durch einen strengen Herrn Schulmeister. Suse Buchheit aus Pirmasens berichtet ganz offen: „Vun de Mutter hat ma äni hinner die Leffel oder de Doges vahan (Den Hintern verhauen) gried, awer de Babba war fa die Fäng zuschdännich. Des war bitter!" Inge Schornick aus Ludwigshafen wird noch konkreter: „Hand, Kochlöffel oder

„Du grie(ch)scht glei die Fäng!"

Bettklopfer" seien früher mütter-licherseits zum Einsatz gekommen, „die Väter blieben meist außen vor". Und: „Im Nachhinein hat ,es' nicht geschadet." Uta Müller aus Neustadt sieht das ganz ähnlich: „Frieher hot mer jo alsemols soi Fäng griecht, wammer was ag'schtellt hot. Des hot mer halt wegg'schdeckt. Des war halt so."

Die Leserin hat uns freund-licherweise auch berichtet, wofür sie ihre „Fäng" bekam:

„Mol e Scheib vum Nachbar oig'schmisse, mol e bissel Wasser vum Fenschder aus uff die Kepp vun de Passante g'schitt, mol aus ausgehöhlte Kaschdanie unn em Strohhalm gedrickelte Kaschdanieblätter geraacht ..." Wir blenden an dieser Stelle diskret aus. Auch Hans Estelmann aus Böchingen erinnert sich an ganz konkrete Nackenschläge: „Früher haben wir dem Gegner beim Fußball immer Prügel angekündigt. Jedoch ‚die Fäng' bekamen wir: Das Spiel ging verloren." Merke: Die Drohung kann auch nach hinten losgehen.

„Bevor man jemandem sei „Fäng" gibt, muss man ihn erst fangen oder in die Fänge kriegen", schreibt Elisabeth Mechnich aus Bad Dürkheim und eröffnet damit die Debatte über den Ursprung der Redewendung. Natürlich hängt sie mit dem hochdeutschen „eine fangen" zusammen, wie Heinz Hener aus Maikammer schreibt, Kurzform für – beispielsweise –

„sich eine Ohrfeige einfangen". „Die Fäng grieche" sei schlicht eine Formulierung für das passive – also in der Regel unerwünschte – Fangen, schreibt auch Reinhard Hartmann aus Kaiserslautern. Dass jemand, der seine Fäng griecht, oft ein richtiger Wildfang sei, ist sprachlich gesehen ein netter Nebenschauplatz. Heinz Hener aus Maikammer verweist auf die Jägersprache und die Fänge von Raubtieren und Rosemarie Mathes aus Germersheim gar auf den „Fangschuss", der nun wirklich die äußerste Form von Gewalt darstellt – abgesehen vielleicht von der Einsendung „vun de Karin un de Elke vun de Haßlocher Sparkass": „Heit awwer mol uffgebasst! Wann mer diesmol net in de Zeitung stehen, donn griegen ehr awwer eier Fäng." Da gibt sich sogar „Saach blooß" geschlagen.

FOLGE 163, ERSCHIENEN AM 11.11.2010

„DIE GRO(U)SSEL"

Zeitreisen mit Oma

Kittelschürze, Kopftuch und als Frisur ein Nest –
das weckt Erinnerungen

Sind Zeitreisen möglich? Für „Saach blooß" schon. Wenn wir gemeinsam mit unseren Lesern den Geheimnissen der Pfälzer Mundart nachspüren, erinnern sich die Menschen oft an ihre vor vielen Jahrzehnten verstorbenen Großeltern und erzählen uns, was diese Großeltern einst von ihren Eltern und Großeltern zu berichten wussten. Auf einen Schlag sind wir mit Geschichten konfrontiert, die sich Mitte des 19. Jahrhunderts abspielten und mit pfälzischen Begriffen und Redensarten, wie sie vor vielen Generationen verwendet wurden. Wir blicken in eine Vergangenheit, die 150 Jahre und mehr zurückliegt und die dennoch lebendig ist.

Das Wort „Gro(u)ßel" ist fürs Erinnern prädestiniert – auch wenn es nicht überall in der Pfalz bekannt ist. Heinz Hener aus Maikammer jedoch kam dabei seine eigene „Groußel" in den Sinn. Sie starb, als er 19

war, „und dies ist schon eine Ewigkeit her". Nur von ihr kenne er die Ausdrücke „Groußel" (Großmutter) und „Großel" (Großvater), „da sie oft von ihnen erzählte". Seine Großmutter selbst wurde dagegen so gut wie nie „Groußel" genannt: „Die eigenen Kinder nannten sie ‚Mamme', und die Enkelkinder sagten ‚Mutter' zu ihr."

Wir halten fest: Dort, wo das Wort „Groußel" oder „Großel" verwendet wird, steht es fast immer für die Oma. Rosemarie Mathes aus Germersheim erinnert sich an eine Cousine aus Wörth, die ihre Großmutter „Großel" nannte. „Das klang viel liebevoller, um nicht zu sagen zärtlicher als Großmutter." Die „Groußel" war eine kleine, zierliche Frau, und die Leserin glaubt, „dass die geringe Körpergröße zu diesem Ausdruck geführt hat". Helmut Wingerter aus Neustadt vermutet dagegen, die Bezeichnung „Groußel" zeuge von besonders großem Respekt, wie er zum Beispiel der 1942 verstorbenen Stiefgroßmutter seiner Mutter entgegengebracht worden sei. Die „Groußel" hatte den 1854 geborenen Urgroßvater geheiratet und war eine Frau, zu der man eine gewisse Distanz wahrte. Doch auch Ursula Lerch aus Landau sieht „Groußel" eher als liebevoll gemeintes Kosewort an. Bei Hans Estelmann aus Böchingen ging diese Liebe sogar durch den Magen: „Wenn ich als Kind bei der Großmutter gegessen habe, dann hieß es: „Heit hott unser Groußel wirrer gut gekocht!"

Fakt ist: Das entscheidende Merkmal des Wortes „Groußel" ist die Endung „-el", die der Verkleinerung und damit der Verniedlichung dient, wobei Klaus Kronibus aus Enkenbach-Alsenborn auch die „Großje" kennt – die Version mit der typisch westpfälzischen Verkleinerungssilbe. „Das Erscheinungsbild jener als ‚Groußel' oder ‚Großje' bezeichneten Großmüttergeneration in der ersten Hälfte des 20. Jahrhunderts war schon fast mit einer Tracht zu vergleichen", schreibt er. „Zumindest auf dem Lande trugen die Großmütter jener Jahre dunkle – meist dunkelblaue – Kleider und darüber eine Schürze und auf dem Kopf oft ein einfaches, meist weißes Tuch. Ich sehe heute noch meine Oma ihren Zopf flechten und zum ‚Nescht' (Nest) drehen. An Feiertagen wurde die Frisur dann gerne noch mit der Brennschere zu kleinen Wellen bearbeitet."

Die Oma von heute sei da von ganz anderem Kaliber: Kommt die Oma vom Einkaufsbummel nach Hause. Schaut sie der Opa an, mustert sie von oben bis unten und ruft: „Lisbeth, du hosch was in de Hoor hänge, mach des emol ab." Die Oma: „Ich han nix in de Hoor hänge. Des is moi neier Hut!" Soll heißen:

„Großmütter von heute leben vielfach ihr eigenes (Single-)Dasein, werden zu Unternehmerinnen, suchen auf großen Reisen das Abenteuer. Sie fahren gerne Cabrio und tragen individuelle, jugendlich betonte Kleidung und Frisuren je nach Anlass vom Partylook bis hin zur Safariausstattung. Das Heimchen am Herd ist weitgehend verschwunden." – „Saach blooß" vermutet, diese von Klaus Kronibus beschriebene Entwicklung könnte auch der Grund dafür sein, warum das Wort „Gro(u)ßel" den Sprung ins 21. Jahrhundert vielerorts nicht geschafft hat.

Doch bevor wir den Abgesang auf die „Gro(u)ßel" anstimmen, wollen wir noch ein wenig in Nostalgie schwelgen. Reinhard Hartmann aus Kaiserslautern kennt neben „Groußel" für „Oma" nicht nur „Großel" für „Großvater", er berichtet auch von einer dritten Variante: „Die Großmutter meiner Mutter aus dem Saarland wurde schlicht und ergreifend ‚die Groß' genannt. Auch Suse Buchheit aus Pirmasens und Brigitte Schultz aus Jockgrim sagt das Wort „Groußel" noch was: „Als ich als Kind mal meine Großtante fragte, wer das auf einem alten Bild sei, sagte sie: Dess sinn dei Groußel unn dei Groußel' – und das waren meine Groß- und Urgroßeltern", sagt die Jockgrimerin. Verwirrend, aber schön.

Von der Nostalgie ins Reich der Melancholie führt uns schließlich die Geschichte von Klaus Hollinger aus Spirkelbach. In der Westpfalz geboren und aufgewachsen, kannte er das Wort „Groußel" zunächst nicht. Erst als er sich eines Tages auf der Straße mit einem Spirkelbacher unterhielt, bekam er zu hören: „Wann ich do niwwer an die Deer gugg, meen ich, die Groußel misst noch emool do raus kumme." Erinnerungen …

Folge 164, erschienen am 6.12. 2010

„BLESS"

Auf die Stirn geschrieben

Zwei Wörter mit einer Klappe schlagen –
das gibt's auch bei „Saach blooß"

Dass ein „Butze" sowohl am Himmel hängen kann (in Form einer dunklen Regenwolke) als auch in der Nase (als Popel), ist für Pfälzerinnen und Pfälzer kein Grund zur Verwirrung. Auch die Doppeldeutigkeit von pfälzischen Verben, Beispiel: „wesche", führt selten zu ernsten Verständigungsproblemen. Zu groß ist der Bedeutungsunterschied zwischen „waschen" („die Kochwesch") und „schlagen" („Ich wesch der glei änni nei"). Beim Wort „Bless" dagegen kann es schon mal zu Komplikationen kommen.

Das liegt im Wesentlichen daran, dass zwei ganz unterschiedliche Formen der „Bless" an ziemlich genau derselben Stelle auftreten können: am oberen Vorderkopf. „Zum Beispiel kriegt manch einer bei einer Schlägerei eine Bless an der Stirn ab, die in schillernden Farben anläuft", schreibt Heinrich Rudolphi aus Ramstein-Miesenbach („bloo

un grien" lautet die Farb-Beschreibung von Rita Ableiter aus Rülzheim). „Hoscht schun dem sei Bless gsähne?", fragt Helmut Wingerter aus Neustadt, „der isch voll geche en Baam geknallt." Und Günter Steck aus Speyer lässt einen Vater den Sohn ermahnen: „Wuu hoscht jetzt schun widder die Bless her? Ich mescht blooß äämool erlewe, dass moin Bu nit verschammeriert (also: mit Schrammen versehen) häämkummt." Dem Jungen war wohl dasselbe widerfahren wie der jungen Ruth Metz aus Hatzenbühl, die von ihrer Mutter einst zu hören bekam: „Warsch wirrer sou schnell, hosch der e Bless ghoult."

Wir halten fest: Die pfälzische „Bless" entspricht der hochdeutschen (und etwas veralteten) Blessur, die wiederum eng mit dem französischen Wort „se blesser" für „sich verletzen" zusammenhängt. Darauf haben zum Beispiel unsere Leser Gisela Keller aus Zweibrücken und Klaus Juner aus Herschberg hingewiesen. „Beule am Kopf" lautet die Übersetzung von Manfred Kreucher aus Limburgerhof und Jutta Scherrer aus Edenkoben; eine „Bless" kann aber auch einfach ein blaues Auge sein, wie Alfred Franger aus Heuchelheim-Klingen sagt.

Doch damit haben wir bestenfalls die Hälfte des Phänomens ausgelotet. Denn eine „Bless" ist bei Weitem nicht immer das Ergebnis eines Schlages (oder Stoßes). Sie kann auch dessen Ziel sein. „Du krigschd glei änni uff die Bless, nämlich en Sternbatscher", sagen „die Karin un die Elke vun de Haßlocher Sparkass", und auch Doris Rittmann aus Birkenheide formuliert die Drohung: „Ich haa der glei uff die Bless, wann de jetzt net parierscht!"

Man lese und staune: Durch den Schlag auf die „Bless" wird eine weitere, ganz andere, „Bless" erzeugt. Was Heinz Wolfert aus Beindersheim zu dem Ratschlag veranlasst: „Owacht, zieg doi Bless oi!" – was so viel heißen soll wie: „Duck dich!"

In manchen Orten wechselt die „Bless", auf die man einschlägt, sogar das Geschlecht: „Dir hau isch glei uffs Bless", schreibt Suse Buchheit aus Pirmasens, „wann du jetzt net uffheersch mit deim dumm Gebabbel, schlaa ich der eens anns Bless", lautet das Zitat von Karlfried Obenauer aus Winnweiler, und auch in Ludwigshafen und im südwestpfälzischen Spirkelbach ist die Variante „uffs Bless" bekannt, wie Zuschriften von Walter Blind und Klaus Hollinger belegen.

Die Lösung des Rätsels ist ebenso verblüffend wie einfach: Das pfälzische Wort „Bless" geht - je nach Anwendung - auf zwei verschiedene Wurzeln zurück: Neben der „Blessur" gibt es auch noch die „blasse Stelle".

„Eine Bless oder Blesse ist der weiße Stirnfleck bei Tieren", erklärt Manfred Bußemer aus Ramstein-Miesenbach. Tatsächlich wurde schon im Althochdeutschen das Wort „blassa" für „weißer Fleck" verwendet. Daraus haben sich, wie Peter Körner aus Bad Bergzabern schreibt, sowohl das hochdeutsche Wort „Blässe" als auch das Adjektiv „blass" entwickelt. Da der weiße Fleck sich bei Tieren häufig zwischen oder über den Augen befindet, sei die pfälzische „Bless" im übertragenen Sinne auch zu einem Wort für „Stirn" geworden, vermutet Klaus Juner. Also für jene Stelle am Kopf, an der man sich – Zufall oder nicht? – besonders häufig eine Bless(ur) holt.

Doch auch damit ist die Bless noch nicht erschöpfend beleuchtet. Denn sehr viele Leser berichten von Kühen oder Pferden, bei denen der weiße Fleck auf der Stirn auch noch als Namensgeber fungiert hat. Ursula Lerch aus Landau erinnert sich an mehrere Kühe dieses Namens in ihrer Kindheit, Hedwig Elisabeth Braun aus Bellheim denkt mit Wehmut an „einen treuen Freund" zurück, den gutmütigen Ackergaul „Bless", der schönes braunes Fell und eine große weiße „Bless" zwischen den Augen hatte, und Helga Jungen aus Carlsberg kommt ein Bauer in den Sinn, der ihr stolz seine Kuh „Bless" zeigte, „das interessanteste Tier im Stall". Dass es außerdem noch das Blesshuhn (auch: Blässhuhn)

gibt, wollen wir als Pünktchen auf dem i betrachten: Der Name geht auf den weißen Schild zurück – natürlich auf der Stirn des Vogels.

„Saach blooß" hält fest: Die „Bless" ist eines der erstaunlichsten pfälzischen Wörter, weil es nicht nur mit verschiedenen Bedeutungen, sondern auch mit unterschiedlichen Ursprüngen gesegnet ist. Apropos: Der Segen für diese Folge kommt heute von Inge Schornick aus Ludwigshafen. Ihr ist zum Thema „Bless" das englische „to bless" für „segnen" eingefallen, Motto: „Bless my soul". Man könnte es natürlich auch mit den Franzosen sagen: „noblesse oblige" ... oder: Pfälzisch verpflichtet.

FOLGE 165, ERSCHIENEN AM 6.1.2011

„HINNERUM HEEWE"

Der Oma um den Bart gegangen

Bitteln und Betteln: Wie Pfälzer ihre Ziele
über Umwege erreichen

Geduld ist eine Eigenschaft, die der durchschnittliche Pfälzer nur vom Hörensagen kennt. Wohl deshalb hat er das Wort „Hopp!" erfunden, mit dem sich vielerlei zum Ausdruck bringen lässt – vor allem aber eines: Der oder die Angesprochene möge nun bitte endlich den Hintern bewegen. Doch nicht immer wirkt so ein „Hopp" wie erhofft. In solchen Fällen fährt man stärkere Geschütze auf: Es wird hinnerumg'hoowe – oder es wird zumindest übers Hinnerumheewe geredet.

Tatsächlich „hinnerum g'hoowe" wird in Angelegenheiten von existenzieller Bedeutung: „Die Dande Greet hockt mit ehre neinzich Johr als noch uff ehrm Geld un ehrm Sach mit ehrm brääde Hinnere un will nix rausricke, wu mer's so needisch brauche kännden. Die muschde wege jedem Dreck hinnerumheewe", schreibt Rudolf Walther aus Großkarlbach. Von Inge Schornick aus Ludwigshafen stammt das Zitat: „Bis du mol was verzehlschd vun deim neie Freund, konn ich dich hunnert Mol hinnerumhewe."

Für Manfred Bauer aus Ludwigshafen ist damit klar: „Hinnenrumhewe" heißt so viel wie „jemanden mit allen erlaubten, meist verbalen Mitteln zu einer bestimmten Handlung veranlassen. Das Repertoire geht von der mehrmaligen direkten Aufforderung bis hin zu unterwürfigem Schmeicheln und ist meist mit einer gewissen Penetranz verbunden, die in besonders krassen Fällen bis hin zur Arschkriecherei reichen kann."

Ein anschauliches Beispiel liefert Rosemarie Mathes aus Germersheim: „Unser Dande Emma hot ma immer hinnerumhewe misse, bis die emol in Gang kumme isch. Hott ma se zum Gebordsdaach oigelade, hot se sisch geziert unn gewehrt, awwer sie wollt halt blooß hinnerumg'howe unn am Bart gegrawwelt werre."

Man könnte meinen, überall in der Pfalz würde „gebittelt un gebettelt", gut zugeredet und geschleimt. Es wäre ein Fehlschluss. In der Geschichte von Brigitte Müller aus Freckenfeld reicht allein der Gedanke ans „Hinnerumheewe", um das Vorhaben zu begraben (es geht ums Ausleihen eines Rasenmähers beim Nachbarn): „Jo, heer uff, denn muscht erscht x-mol hinnerumheewe, wann d' mol was vun em willscht." Zwei weitere Zuschriften beweisen: Den Pfälzern ist die Hintenrumheberei nicht in die Wiege gelegt. Und wenn sie vom „Hinnerumheewe" sprechen, haben sie oft gar nicht vor, das auch zu tun: „Wenn ich zu meinem Sohn fünf Mal sagen muss, er soll sein Zimmer aufräumen, und er tut es nicht, noch mol heww ich en nit hinnerum, dann grieht er Hausarreschd!", schreibt Renate Weisenstein aus

Bad Dürkheim. Hans Metz aus Jockgrim: „Horch! D'Schdrooß g'heert gekehrt, siehsch du des nit, muss ma dich imma hinnerumheewe, bettle, kitzle odda loowe, bis der Herr sich bequemt?"

Hans Ehrhardt aus Gossersweiler-Stein öffnet ein Tor, das noch tiefer in die Materie führt: „Wann Se mich in Ehre Serie ‚Saach blooß' nit ball draa nämmen, kennen Se mich hinnerumhewwe", schreibt der Leser – natürlich nur zum Zwecke der Erläuterung des Themas, denn er hat ein versöhnliches „nix fer uugut" angehängt.

So oder so sind wir an einem heiklen Punkt angelangt. In Hans Ehrhardts Beispiel hat die Redewendung nämlich eine kleine Veränderung erfahren, die sich dramatisch auswirkt. Es geht nicht mehr darum, jemanden hintenrumzuheben, sondern der Sprecher macht deutlich, dass man ihn mal hintenrumheben könne. Das sei die pfälzisch-kultivierte

Art, „du kannscht mich mool ...“ zu sagen, erklärt Hildegard Wollherr aus Rheinzabern. Noch unmissverständlicher drücken es „die Karin un die Elke vun de Haßlocher Sparkass“ aus: „Ach, heb mich doch hinnerum“ bedeute „loss mer moi Ruh, hab mich gern oder, einfach ausgedrückt, leck mich am A...!“

Von der „pfälzischen Version des Götz-Zitats“ spricht auch Reinhard Hartmann aus Kaiserslautern. Wörtlich übersetzt heißt „du kannscht mich hinnerumheewe“ für ihn demnach: „Die bittende Person fordert auf, ihn so zu drehen, dass er der betreffenden Person die Hinterseite zeigt." Dass sich so auch der Ursprung des Worts erklären lässt, ist allerdings zweifelhaft. Klaus Hollinger aus Spirkelbach und Jürgen Jacob aus Kaiserslautern vertreten vielmehr die Auffassung, das Wort komme aus der Fuhrmannssprache: Wenn ein Wagen nicht um die Ecke kam, musste dieser „hinten herum gehoben werden".

Doch die Leser haben noch mehr zu bieten. Elke Plass-Mackensen aus Niederkirchen erinnert die Redensart an eine zweite: „Der hebt die Gääs hinnerum" habe ihre Oma über Menschen gesagt, die umständlich arbeiten. Gisela Schumann aus Grünstadt hat ein ganz ähnliches Zitat parat: „Mei Fraa geht ma so off die Nerve. Jetzt soll isch aa noch ess Gescherr wesche. Die kann mich hinnerumhewwe, wie ma e Geiß rumhebbt." Vorstellen kann sich die Leserin, dass der Ausdruck beim Ziegenmelken entstanden ist, wenn das Tier störrisch war und nicht mit dem Euter über dem Melkgefäß bleiben wollte. Ursula König, die in der Westpfalz aufgewachsen ist, kennt das Problem. „Wenn man schwerfälligen Tieren wie Rindern oder Ackergäulen etwas klarmachen musste oder wenn diese Tiere ihre Hinterhand (oder das Hinterteil zum Melken) bewegen sollten, so war dies immer ein Akt für sich", schreibt die Leserin. Klare Sache: Ein schlichtes „Hopp!" hätte hier nicht geholfen ...

FOLGE 166, ERSCHIENEN AM 11.2.2011

„STELLAASCH" UND „G'SCHDELLAASCH"

Im Reich von Plunder, Ramsch und Schrott

Wenn „Kruhschdler" und „Krembler" etwas zusammenstellen, sieht das schnell abenteuerlich aus

Fromage, Hommage, Vernissage. Pah! Auch das ist doch mal eine Erkenntnis: Nicht überall, wo schick und schön „-age" draufsteht, ist auch tatsächlich Frankreich drin. Draufgekommen sind wir durch unsere Frage, was es mit dem pfälzischen Wort „Stellaasch" oder „G'schdellaasch" auf sich habe.

„Margot, schtell der mol vor, moi Hannes, der hot noch Kuraasch. Hot der doch an die hinnersch Wand vun de Garaasch e Stellaasch bis an die owwersch Edaasch gebaut. Jetzt kummt die ganz Bagaasch un schtoppt ehr Amburaasch in des G'schtellaasch enin. Des sieht vielleicht aus! Es is grad e Blamaasch!" Das hat uns Klaus Kronibus aus Enkenbach-Alsenborn geschrieben. Die Pfälzer Hauptwörter auf „-aasch" lassen sich allesamt auf ein französisches Original zurückführen, sogar das ziemlich unbekannte

„Amburaasch", das vermutlich auf das französische Verb „bourrer" für „(voll-)stopfen" zurückgeht. (Rühmliche) Ausnahme: „G'schdellaasch".

„Stellaasch klingt französisch, das Wort ist laut Duden aber niederländisch", schreibt Rudolf Walther aus Großkarlbach. Darin steckt in der Tat nichts Französisches, sondern das germanische Verb „stellen" sowie das „Gestell". Genau das ist ursprünglich gemeint, wenn in der Pfalz von „Stellaasch" die Rede ist: „Ein Gerüst aus Brettern und Stangen zum Abstellen und Aufbewahren von Gegenständen", sagt Heinz Wolfert aus Beindersheim. Man könnte also ganz schlicht „Regal" dazu sagen.

Doch im pfälzischen Alltagsgebrauch haben sich „Stellaasch" und „G'schdellaasch" ein ganzes Stück weiterentwickelt. Damit könne „im weitesten Sinne alles bezeichnet werden, was man in einem Raum aufstellt, also Möbel, Kisten und Geräte", schreibt Elke Plass-Mackensen aus Niederkirchen. Und das ist nur der Anfang. In aller Regel sind die beiden Wörter nämlich abwertend gemeint, im Sinne von „Gerümpel" und „Plunder", wie aus der Zuschrift von Thea Melis aus Waldsee deutlich wird: „Mir hänn for Korzem zwä Zimmer ausgeraamt, do sinn die Böde un die alde Möwel rausgetrache worre in de Gaarde un in die Garaasch, bis alles abg'holt worre isch vum Sperrmüll: do hoscht saache kenne: Ach Gott, isch des awwer e G'schdellaasch!" Klaus Hollinger aus Spirkelbach hat ähnliche Erfahrungen gemacht: „Wemm ma iwwer 50 Johr de Geschäftsleit geholf hat, reich se werre, do hot sich so manches angesammelt un steht nur noch als Stellaasch rum. Trotz Sperrmillabfuhr werre so Sticker nit

nausg'stellt, sie sinn halt vun de Oma un han a manchmol so e alt-ehrwürdischer Geruch."

Kurzum: Die Wörter „Stellaasch" und „G'schdellaasch" kommen meist dann zum Einsatz, wenn irgendwo irgendwas im Weg rumsteht. „Alla, umfalle konnschd bei dem G'schdellaasch in dere Schdubb emol nimmi", schildert zum Beispiel Elke Plass-Mackensen ziemlich anschaulich, wie eng es in einem vollgestellten (man ist fast versucht zu schreiben: stellaschierten) Raum werden kann. Andere Beispiele stellen die logistischen Schwierigkeiten in den Mittelpunkt, die durch Sammelwut und mangelnde Ordnungsliebe ausgelöst werden. „Du, Junior, wann d' immer noch meh G'schdellaasch in dei Schloofstubb packscht, brauscht ball Steicheise ferr ins Bett se kumme", schreibt Hans Ehrhardt aus Gossersweiler-

„Ich hab mool e bissel doi G'schdellaasch uffgeraamt."

Stein. Mehr Freude macht es natürlich, die „Messies", also die unheilbaren „Kruhschtler" und „Krembler", nicht unterm eigenen Dach, sondern ein Haus weiter zu entdecken. Dazu Liesel Dries aus Hochstadt: „Ich häb grad bei unsre Nochbern en klänner B'such gemacht. Was määnscht, was die fär e G'schdelaasch in ehre Wohnung hot. Do muscht Blatz mache, dass d' laafe kannsct." Noch dramatischer stellt sich die Situation bei Gisela Keller in Zweibrücken dar: „Wann ma die Familie Rumpelmeier besuche will, kummt ma fascht net zu de Hausdier noi vor lauter G'schdellaasch."

Wie fast immer, wenn ein Wort abfällig verwendet wird, fiel es den Pfälzern auch bei „G'schdellaasch" und „Stellaasch" irgendwann ein, damit ihre Mitmenschen in ein schlechtes Licht zu rücken. „Die Lisbeth isch so ä G'schdellaasch, dass se känner gewollt hot", liefert Heinz Hener aus Maikammer ein Anwendungsbeispiel. In dieselbe Kerbe schlägt Uta Müller aus Neustadt: „Guck emol do vorne, do laaft ääni, die hot vielleicht e Stellaasch", womit allerdings nicht „de A..." gemeint sei, „sonnern vor allem die Bää – na ja e bissel ach die ganz Figur."

Wie es den Pfälzerinnen und Pfälzern gelingt, den Bogen von „Kruhscht", „Krembel" und „Schambes" zu spannen zu mehr oder weniger anmutigen weiblichen Wesen, wollen wir lieber nicht weiter beleuchten. Die Frage könnte uns mehrere Treppen tief ins pfälzische Unterbewusste führen, wo die „Stellaasch" unserer eigenen Unzulänglichkeiten vor sich hinstaubt. Vielleicht ist es auch einfach nur Frechheit.

Jedenfalls: „Mir raamen jetzt emol die gonz Stellaasch weg", um mit Suse Buchheit aus Pirmasens zu sprechen, „mer konn sich jo närnds mä hiesetze". Und gemütlich sitzen sollten sie schon, liebe Leserinnen und Leser, damit Sie sich in aller Ruhe weiteren Geheimnissen des Pfälzischen widmen können.

FOLGE 167, ERSCHIENEN AM 24.2.2011

PFÄLZER FELDSALAT

Liebling der Leckermäuler

Kein Pflänzchen hat in der Pfalz mehr Namen als der Feldsalat

„Genieße Se den Ritscher mit Schbeckgruschelscher, e bissel Knowloch, Essisch, Eel un owwe druff schää knuschbrisch in Butter gebrotene Brotwerfelscher."
Uta Müller, Neustadt

„Am liebschte ess isch Mausäscher klassisch, met Vinägrett, Knowwelloch un Schpeck, awwer denne vorher ongebruzzelt."
Gisela Schumann, Grünstadt

„Am besten schmeckt Vielläppche mit gebratenen Speckstückchen und etwas Knoblauch."
Gerd Häßel, Reichenbach-Steegen

Dutzende Leserinnen und Leser haben uns auf unsere jüngste Frage hin das Baldriangewächs „valerianella locusta", also den gewöhnlichen Feldsalat, als ihren Lieblingssalat beschrieben. Die Pfälzer sind sich auch absolut einig in der Frage, wie er angemacht werden soll. Völlig uneins sind sie dagegen bei der pfälzischen Bezeichnung. Da gibt es zwar die Fraktion, die ein Leben lang geglaubt hat, Feldsalat heiße auf Pfälzisch Feldsalat und damit gut. Doch tatsächlich sind 15 völlig unterschiedliche Bezeichnungen in der Redaktion eingegangen – und immerhin sechs davon brachten es auf mindestens zehn Nennungen!

In den einfachsten Varianten wird einfach das „Feld" ausgetauscht. Ackersalat heißt der Feldsalat bei Elke Plass-Mackensen in Niederkirchen, und als „Äggalesalat" oder „Äckerlesalat" ist er Hans Metz aus Jockgrim und Werner Merdian aus Lingenfeld bekannt. „Feldsalat oder Wingertsalat war bei uns des gängische Wort – vielleicht, weil mer den net gesät, sondern im Frihjohr uff de Äcker un in de Wingert gesucht hän", erklären „die Karin un die Elke vun de Haßlocher Sparkass". Bestätigt wird diese Einschätzung von Hans Ehrhardt aus Gossersweiler-Stein: „Frieher, wu die Winzer nit so veel g'spritzt hänn, hänn die Leit vumm Gebirch ehrn Salat uffem Land in de Wingert g'hoult." Auch Hans Estelmann aus Böchingen ist die Bezeichnung „Wingertsalat" geläufig. Feldsalat, Ackersalat, Wingertsalat – hier hat also der Ort, wo die Pflanze wild wächst, als Namensgeber fungiert. Das war doch einfach.

In weiten Teilen der Vorderpfalz hat sich indes ein völlig anderer und nicht so leicht durchschaubarer Name durchgesetzt. „Was issen des fer e Frooch?", wundert sich zum Beispiel Willi Krumrey aus Neustadt-Mußbach, „wie werd Feldsalat schunn uff Pälzisch hääße? ‚Ritscher', was sunscht!" Johannes Schindler aus Ludwigshafen erzählt: „Meine Großmutter aus Einselthum ging oft ins Feld Ritscher stechen."

„In Fußgennem (Fußgönheim) nennt ma de Feldsalat Ritsche", sagt auch Herta Barchet. Die Erklärung liefert sie gleich mit: „Ei, wann mer den Salat uffem Feld steche muss, ritscht mer uffem Borum (Boden) entlang."

Auch Wolfgang Hubach aus Haßloch, Heinz Wolfert aus Beindersheim und Doris Rittmann aus Birkenheide zählen zur „Ritscher"-Fraktion – so wie Rudolf Walther aus Großkarlbach. Er erinnert sich an die Zeit nach dem Zweiten Weltkrieg, „als wir Kinder den wild wachsenden Ritschersalat an Feldrainen und unter Hecken, zwischen Gras und Kräutern gesucht haben. Jeder von uns kannte seine Plätze und hütete das Geheimnis ihrer Lage."

Je weiter man in der Pfalz nach Westen kommt, desto blumiger werden die Namen. „Zu Feldsalat saa mer Vielläppcher", schreibt Marita Burger aus Kaiserslautern. Zu dem Namen dürfte es

gekommen sein, weil die Blätter des Salats aussehen wie „viele Läppchen". Den Miesenbachern hat er sogar ihren Spitznamen beschert. „Es ist überliefert", schreibt Heinrich Rudolphi aus Ramstein-Miesenbach, „dass der Vielläppchersalat früher speziell auf Feldern von Miesenbach so üppig gedieh, dass man die Pflanzen in Körben auf dem Kopf nach Kaiserslautern trug und dort auf dem Markt verkaufte." Seit 1963 nennt sich auch der Karnevalverein im Ort „Miesenbacher Vielläppcher", berichtet Manfred Bußemer. Aber auch bei Kurt Peter Grünnagel in Höheinöd wird Feldsalat als „Vielläppcher" bezeichnet. Dass manche Pfälzer, mit „Vielläppcher" konfrontiert, darin den Namen „Philippche" erkennen, wollen wir nicht verschweigen.

In der südlichen Westpfalz schließlich wird es richtig putzig (aber nicht, weil der dortige Feldsalat besonders mühsam zu putzen wäre): „De Feldsalat heeßt in de Gegend um Zweebrigge Mausehrchesalat", schreibt zum Beispiel Ruth Strauch aus Zweibrücken, während in der ostsaarländischen Heimat von Andrea Hager-Wernet schlicht von „Mausohr" die Rede ist – weil die Feldsalatblätter halt wie Mäuseohren aussehen. Die Leserin musste schon einigen Pfälzern erläutern, dass „Mausohr" durchaus für Vegetarier geeignet ist, „es sei denn, man bereitet ihn mit Derrfleesch zu". Eine starke Mausohrfraktion gibt es auch im Raum Grünstadt/Frankenthal, wie Zuschriften von Gisela Schumann, Hans Mannweiler und Bernhard Volz beweisen.

Einen weiteren originellen Namen haben die Menschen in der Nordwestpfalz parat: Die Mutter von Leonhard Hopf aus Bad Dürkheim lebte in Aschbach bei Wolfstein, und Feldsalat hieß dort nur „Dollertsche", schreibt der Leser. Aus der „Kuseler Gegend" kennt Helga Jungen aus Grünstadt den Namen „Dollerche", und auch Gerd Häßel hat in Reichenbach-Steegen ältere Menschen von „Dollersche" reden hören. Wo das Wort herkommen könnte, darauf konnte uns leider niemand eine Antwort liefern.

Dafür haben wir noch ein paar letzte Namen parat, die unsere Leser genannt haben: Als „Rapunzel", „Rapünzel" (mit vornehm geschürzten Lippen) oder „Rewinserle" wird er relativ oft bezeichnet, ebenso als „Vogelsalat", „Nüsselcher" (wohl, weil er nussig schmeckt, „Lämmerwääd" (von: Lämmerweide), „Sonnenwirbele" (aus dem Badischen), „Fettmännche" und „Schofmeilche". Sollten wir einen Namen vergessen haben: Nix fer uuguut – für mehr wäre ohnehin beim besten Willen kein Raum mehr gewesen.

FOLGE 168, ERSCHIENEN AM 1.4.2011

„BOLLES"

Ein Loch im Café Viereck

Um das Gefängnis werden viele Worte gemacht

„Bolles? Nie gehört!" – Die Vorderpfalz hat sich für diese Folge kollektiv abgemeldet. Was vielleicht mal ganz gut ist. Erreichen uns doch hin und wieder Zuschriften von Lesern, die meinen, wir würden in unserer Serie über pfälzische Begriffe und Redensart zu oft über süd- und vorderpfälzische Wörter und Sprüche debattieren. Wenden wir uns also einem Begriff zu, mit dem allem Anschein nach nur Westpfälzer etwas anfangen können.

„Er hockt im Bolles" oder „Er muss in de Bolles" heiße es, wenn jemand einer kriminellen Handlung wegen im Gefängnis einsitzt oder bald ins Gefängnis muss, erklärt Klaus Kronibus aus Enkenbach-Alsenborn. Der Mundartbegriff stehe gleichbedeutend neben „Knast", „Café Viereck" oder „Polizeigewahrsam". Wer im „Bolles" sitzt, „hockt im Loch", wohnt „hinter schwedischen Gardinen" oder „hinter Schloss und Riegel",

nennt Heinrich Rudolphi aus Ramstein-Miesenbach noch ein paar Alternativen.

Alle umschreiben das knallharte Faktum, dass da jemand zeitweise das Recht verliert, in Freiheit zu leben – und zwar aus einem vermutlich ziemlich unerfreulichen Grund. Es liegt wohl in der Natur des Menschen, angesichts dieses Umstands entweder zu blumigen, verharmlosenden Wörtern zu greifen („Kittchen", „schwedische Gardinen", „Café Viereck") oder, ganz im Gegenteil, das Negative an der Situation noch ausdrücklich zu betonen („hockt im Loch").

Ob das der Grund ist, warum der ziemlich neutral wirkende Mundartbegriff „Bolles" (es sei denn, man spricht wie Hans Estelmann aus Böchingen von „Bollerloch") so einen schweren Stand hat und nur noch selten Verwendung findet? Manfred Bußemer aus Ramstein-Miesenbach berichtet jedenfalls, das

Wort, früher häufiger benutzt, sei mittlerweile selbst in der Westpfalz kaum noch zu hören. Auch Gisela Schumann aus Grünstadt musste tief in ihrer Erinnerung kramen: „Als Kind hat man gehört: Wenn de Kersche klaue gehscht, kommschte in de Bolles. – Mei Oma hat e Woch im Bolles gesess, weil se demm Owwerheini von de Nazis im Dorf gesaat hat, was se von'm halt."

Marita Burger aus Kaiserslautern vermutet, „Bolles" könne mit dem hochdeutschen „Bollwerk" zusammenhängen, und Uta Fasco aus Waldfischbach-Burgalben weiß noch, dass ihre Großmutter, wenn Enkelin oder Enkel was angestellt hatten, folgendermaßen drohte: „Gleich haa ich eich uff eier Bolles!" Das war zwar auch eine Strafe, aber mit Knast dann doch nicht zu vergleichen.

Näher an den tatsächlichen Ursprung des Wortes führen uns diese beiden Einzelmeinungen also nicht. Denn die Wurzel liegt, wie so oft, bei unseren Nachbarn. „Bolles ist sowohl der Schutzmann als auch das Gefängnis", schreibt Reinhard Hartmann aus Kaiserslautern, „wahrscheinlich kommt es aus dem Französischen, wo ,police' für ,Polizei' steht." Dass „de Bolles" tatsächlich auch eine Person sein kann, ist in Spirkelbach jedem klar. Dort nämlich, schreibt Volker Damian, wurde im 700. Jubiläumsjahr 2003 die „Bolles"-Tradition wiederbelebt. Wie früher ging (und geht manchmal heute noch) ein Mann als „Bolles" durch den Ort und gibt Neuigkeiten bekannt: mit frischgeputzter Schelle, Umhang und Mütze. Dieser „Bolles" hat sich aus dem früheren Polizeidiener oder Dorfpolizisten entwickelt. Der Job hat(te) einiges Gutes: „Unterwegs bot man ihm schon einmal etwas zu trinken an, da-

mit er bei Stimme blieb, um die zwei Stunden, die er für seinen Rundgang braucht, unbeschadet zu überstehen."

Der Bezug zwischen „Bolles" und Polizei jedenfalls wird nicht nur von einschlägigen Wörterbüchern bestätigt, sondern auch von Rudolf Walther aus Groß-karlbach. „In de Bolles kumme" oder, in der Verniedlichungs-form, „ins Bollesje", sei in der Pfalz gleichbedeutend mit „in de Kascho wannere". Und so-wohl „Bolles" als auch „Kascho" dürften nach Einschätzung des Lesers aus jener Zeit stammen, „als die Obrigkeit Franzeesisch sprach und de Bojemääschder ‚de Mär' war und de Bollizischd

‚de Schandarm' (von: „maire" und „gendarme". Wobei im Französischen „cachot" für „Arrestzelle" steht.

Inge Schornick musste – wie alle anderen Vorderpfälzer auch – in Sachen „Bolles" in Büchern oder bei Bekannten aus dem Westen recherchieren. Sie hat dort unter anderem die Wörter „Bollerbajes" und „Mickelbajes" für „Zuchthaus" gefunden („bajith" ist hebräisch für „Haus"). Manfred Bauer aus Ludwigshafen und „die Karin und die Elke vun de Haßlocher Sparkass" haben „Bolles"-Spuren entdeckt, die ins Rheinhessische beziehungsweise in die nördlichste Nordpfalz führen: in einem Mainzer Dialektwörterbuch und in Einselthum im Donnersbergkreis. In der Vorderpfalz bleibt es beim Thema „Bolles" derweil bei glatter Fehlanzeige. Dazu Manfred Bauer: „Auf Ludwigshafenerisch würde man in diesem Fall in etwa sagen: Denn Daubermanns Lui hawwense schwer verknasst. E halwes Johr Kascho, jetzt guckt er durch die Drallje" (französisch „treillis" für „Flechtwerk", „Gitter").

Wir entflechten jetzt unsere Gedanken, befreien sie aus dem Kerker und wenden uns anderen, drängenden Geheimnissen zu.

FOLGE 169, ERSCHIENEN AM 29.4.2011

„DIE BUCKLICH VERWANDTSCHAFT"

Der Pfälzer von Notre-Dame

Warum die Menschen zwischen Rhein und Saar auf
die liebe Familie nicht immer gut zu sprechen sind

War Quasimodo, der Glöckner von Notre-Dame, ein Pfälzer? Wohl kaum. Doch wem die beliebte Redensart von der „bucklich Verwandtschaft" begegnet, dem kann durchaus der buckelige Kirchendiener aus Paris in den Sinn kommen, der sich in die schöne Esmeralda verliebte. Zumindest schickt manch einem die Aussicht auf Besuch von den lieben Verwandten einen ähnlichen Schauer über den Rücken wie der Anblick des verunstalteten Quasimodo jenen Zeitgenossen, die ihn nur nach seinem Äußeren beurteilten.

Doch hat das etwas damit zu tun, dass sich im Pfälzer Gen-Pool besonders viel Buckeliges tummelt? Wer sich in der Pfalz umsieht, wird erleichtert feststellen: So einfach kann die Lösung des heutigen Rätsels nicht sein. „Bei unseren großen Festen war die ganz bucklich Verwandtschaft da", schreibt Inge Schornick aus Ludwigshafen, „das heißt auch

Personen, die man nicht so sehr schätzt." Von körperlichen Verformungen irgendwelcher Art ist hier nicht die Rede. „So ganz nett ist der Ausdruck nicht gemeint", erklärt Gisela Schumann aus Grünstadt, „es sei denn, er wird mit einem Augenzwinkern versehen". Die Leserin legt zwar Wert darauf, dass die Redensart bei ihr „die krummbucklich Verwandtschaft" heißt, eine Erfahrung, die von vielen anderen Einsendern geteilt wird. Doch selbst das zusätzliche Wort krumm dient bei allen eingeschickten Anwendungsbeispielen nicht dazu, tatsächlich einen krummen Rücken zu beschreiben.

„Am Samschdag hat's Gredel, die Dochder vun moim Brurer, Hochzet. Die ganz krummbuckelich Vewandtschaft war do un hot sich mol werre richdich de Ranze vollgeschlah. Ja, wann's nix koschd, dann schdehen se do in Reih un Glied!", schreibt zum Beispiel Klaus Kronibus aus

Enkenbach-Alsenborn. Und wir halten fest: Es sind naturgemäß Familienereignisse, die entferntere Verwandte zusammenbringen – und genauso lautet auch die Definition von Klaus Hollinger aus Spirkelbach für „bucklichi Verwandtschaft": „Entfernte Verwandte, die sich nur selten treffen, oftmals bei einem Sterbefall, bei dem man sich nach der Beisetzung bei Kranz- und Streuselkuchen gegenseitig verspricht, dass man sich doch baldigst unter schöneren Umständen treffen will" – ein Plan, aus dem in aller Regel nichts wird.

Doris Rittmann aus Birkenheide schildert es etwas schonungsloser: „Die krummbucklich Verwandtschaft (wobei mit dem Wörtchen ‚krumm' alles ausgesagt sei), kummt norre zu Feschte, zu Beerdischunge un zum Erwe, ansunschte siehscht se liewer von hinne als von vorne." Ähnlich klingt es in einem Beispiel von Gisela Schumann:

„Die Leich esch noch net kalt, unn die kromm boggelisch Verwandtschaft esch schon meddem Handwäänsche do unn raumt aus." Auch Ruth Metz aus Hatzenbühl hat wenig Gutes von der „bucklich Verwandtschaft" zu berichten: Die Redewendung komme zum Einsatz, „wenn abwertend oder boshaft gesprochen wird", also im Sinne von Suse Buchheit aus Pirmasens: „Die bucklich Verwandtschaft is mir om liebschde, wonn se bleibt, wo se is."

So wenig erfreulich all diese verwandtschaftlichen Ausblicke klingen, so gibt es doch Hoffnung. „Die Karin un die Elke vun de Haßlocher Sparkass" schreiben zwar: „Es gonz Johr heert und sieht mer nix vun denne, awwer wonn's e Fescht gibt, do kummen se all oogebuckelt", doch sie raten zur Gelassenheit: „Die bucklich Verwandtschaft konn mer sich net aussuche, die hot mer un muss se nemme,

„Do isch die bucklich Verwandtschaft ...!"

wie se is." Und nicht nur Suse Buchheit ist der Auffassung, man könne die Redensart, so böse sie gemeint sein kann, auch „freundschaftlich-liebevoll" auslegen. Klaus Kronibus ergänzt, die Redewendung könne „je nach Situation böse, verachtend, geringschätzig, lustig erheiternd oder liebenswert gemeint sein".

Helga Helm aus Mutterstadt dagegen sieht die Bezeichnung ganz neutral: Für sie ist „die bucklich Verwandtschaft" schlicht Ausdruck dafür, dass hier Verwandte in besonders großer Zahl zusammenkommen. Anne-Bärbel Engelhart aus Neustadt wiederum, eine eingewanderte Hessin, weist darauf hin, dass die Redensart nicht nur in der Pfalz sondern auch in Hessen und vermutlich sogar in Schlesien bekannt ist oder war. Aus ihrer Zeit in Südhessen kennt sie sie als Ausdruck der Resignation, frei nach dem Motto: Freunde sucht man sich, Verwandte hat man. Heinz Meyer aus Altleiningen kennt die Redensart von seinem Vater, der aus dem Ruhrpott stammt.

Eine mögliche Lösung hat uns Günter Steck aus Speyer beschert. Er erinnert an die uralte, vorurteilbehaftete Redensart „Hüte dich vor jenen, die Gott gezeichnet hat!" Damit seien Menschen mit körperlichen Gebrechen gemeint gewesen, wobei besonders jenen mit einem Buckel großes Misstrauen entgegengeschlagen sei: weil diese als „hinterhältig, gefährlich und verschlagen" gegolten hätten. Reinhard Hartmann aus Kaiserslautern hat allerdings noch eine andere Idee: „Einmal bezieht sich die Redensart auf die nicht gerne gesehenen Angehörigen aus Nebenlinien. Man schämt sich einer ärmeren Verwandtschaft, die sich krumm und buckelig gearbeitet hat." Und zum anderen bedeute „bockelig" im Rotwelschen, der Gossen- und Gaunersprache, „gierig" und „hungrig" – „das ist also dann die Verwandtschaft, die ungebeten zu allen Familienfesten kommt, um sich durchzuessen", schreibt der Leser. Und die Firma, na ja, bloß „Saach blooß", dankt.

FOLGE 170, ERSCHIENEN AM 8.6.2011

„SCHEBB"

Bitte nicht krumm nehmen!

Noch 'ne Weisheit: Wer schiefliegt, darf Fünfe gerade sein lassen

„Die Krumme sinn all nit graad." – Kaum eine Weisheit bringt besser das pfälzische Laisser-faire zum Ausdruck; jene Gelassenheit im Angesicht von Widrigund Seltsamkeiten des Lebens, die auch schon mal als Schlichtheit missdeutet wird, wenn man die Pfälzer nicht kennt. Dabei steckt eine tiefe Einsicht in die Zusammenhänge der Welt dahinter, wenn Pfälzer Fünfe gerade sein lassen. Ein Problem existiert nur, wenn man es zulässt. Ist das nicht schön?

Noch schöner ist es, dass es die Redensart in zwei Versionen gibt. „Die Schebbe sinn all net graad sagte man, wenn etwas nicht so gelungen war", schreibt zum Beispiel Karlfried Obenauer aus Winnweiler auf unsere Frage nach dem Wort „schebb". Auch hier geht es darum, locker zu bleiben, wenn mal etwas schiefläuft.

Weniger schön ist: Das Wort ist nicht nur in weisen Sprüchen verbreitet, sondern auch im Alltag präsent. „Was gehscht'n heit so schebb" bekommt zu hören, wer Rückenschmerzen hat und deshalb nur gebeugt laufen kann, berichtet Elisabeth Ebert per E-Mail. „Du hascht dei Kapp schebb uffsitze", lautet ein Beispiel von Heinrich Rudolphi aus Ramstein-Miesenbach. Karin Schmidt aus Hettenleidelheim gibt uns gar einen Zungenbrecher mit auf den Weg („Fleißig üben!", fügt sie hinzu): „Krummi schebbi Subbeschissel."

„Schief" ist auch die Erklärung und Übersetzung für das pfälzische „schebb". Es geht, wie Falk Rittig aus Grünstadt und Klaus Juner aus Herschberg schreiben, auf eine mittelhochdeutsche Version zurück, die sich im Pfälzischen zu „schebb", im Hochdeutschen zu „schief" entwickelt hat. „Wär de Turm vun Pisa in de Palz, wärer schebb un ned schief", sagt Hans Mannweiler aus Frankenthal.

„So is er jo in Ordnung, wann soi schebbi Nas net wär ...“, schreibt Inge Schornick aus Ludwigshafen und eröffnet damit den Reigen von Anwendungen, die nichts mit zen-buddhistischer Gelassenheit zu tun haben, sondern frech oder gar böse gemeint sind. „Ei gugge mol, wie schebb dass der widder doher kommt. Sieht grad aus, als hätter gelaare („geladen“ im Sinne von „mächtig gesoffen“), heißt es in der Zuschrift von Klaus Hollinger aus Spirkelbach. Bruno Seeger aus Oggersheim erinnert sich an einen Mitspieler beim Straßenfußball, der seiner originellen Beinstellung wegen „Schebbschenkel“ geschimpft wurde. Und Helga Jungen aus Grünstadt kommt der traurige Fall eines im Gesicht entstellten Mannes aus ihrer Kindheit in den Sinn, „dem die Buben ‚Schebbmaul‘ nachriefen“.

Das letzte Beispiel ist ein derber Ausreißer nach unten, der nicht typisch ist für den Gebrauch von „schebb“. Zumindest geht es auch etwas subtiler. Holger Weimer aus Kandel schreibt: Mit Bemerkungen wie „Des Bild hängt schepp“ oder „Doin Absatz is schepp“ verbinde sich meist eine leichte Kritik am Besitzer des Gegenstands, „da dieser sich entweder des angesprochenen Zustandes nicht bewusst ist oder ihn aus Nachlässigkeit hinnimmt“. Selbst das „schebbe Maul“ muss nicht immer herabwürdigend gemeint sein. „Wenn man im Saarland „e schebb Schniss“ macht, ist man beleidigt oder es passt etwas nicht in den Kram“, meint Reinhard Hartmann aus Kaiserslautern. Dorothea Ballosch aus Bochum, in Ludwigshafen geboren, liefert die Pfälzer Version: „E schebbi Schnut ziehe.“

Die Bandbreite von „schebb“ ist also größer, als die schlichte Übersetzung vermuten lässt. Wenn es um den Garten geht, nehmen es Pfälzer zur Abwechs-

„Des Bild hängt schepp."

lung gerne mal ganz genau. „Hettscht e Wasserwooch genumme, wär doi Gaardehaisl net so schebb worre", meint Bertram Steinbacher aus Lingenfeld. Laut Silvia Saling aus Landau legen manche auch beim Gartenbeet größten Wert darauf, dass dieses mit dem Lineal gezogen wird. Und erst das „Gaardepäddel" oder „Gaardepäddche"! Das muss exakt im rechten

Winkel zu den Pflanzreihen verlaufen, gell? Womit wir endgültig auf der witzigen Seite sind: „Betracht der mol des Meierche", meint Klaus Kronibus aus Enkenbach-Alsenborn, „des is krumm un schepp. Wann de des siehsch, kennsch de dich krumm un schepp lache." Es geht hier ums Lachen, bis der Körper sich krümmt. (Bei Bedarf: Schauen Sie einfach mal in Nachbars Garten – oder vielleicht auch in Ihren eigenen ...?).

Zwei Lesern ist eine eigentümliche Zusammensetzung mit „schebb" geläufig. „Ein Mensch kann „schebber-echs-isch" laufen, das heißt: Er ist ungelenk oder schlaksig", schreibt Jürgen Jacob aus Kaiserslautern. Doris Rittmann aus Birkenheide kennt diese Bezeichnung in der Form „schewerex" für Leute, die schielen (also: schief schauen) oder nicht ehrlich sind (also: ein schiefes Bild von der Wirklichkeit zeichnen). Von einer tatsächlich schiefen Wirklichkeit berichtet derweil Peter Keller aus Landau. Er hat lange Jahre in Darmstadt gewohnt, und zwar in der „Schepp-Allee" – einer Straße, die ihren Namen allen Ernstes von den krummen Kiefern hat, die dort wachsen. Wir finden: Da könnten sich die Pfälzer Straßennamengeber mal eine Scheibe abschneiden. Viele Grüße schon mal aus der Die-Krumme-sinn-all-nit-graad-Gass!

FOLGE 171, ERSCHIENEN AM 24.6.2011

„SCHIKANEBUCKEL"

Mutwillige Erschwernis

Zwischen Schelm und Leuteschinder –
wenn Pfälzer mit Vorsicht zu genießen sind

Die einfachste – wenn auch gänzlich irreführende – Lösung liegt diesmal ein gutes Stückchen außerhalb der Pfalz, und zwar im Nahetal. Dort gibt es eine Wein-Großlage namens Paradiesgarten mit gut 500 Hektar Rebfläche. 55 Einzellagen gehören dazu, darunter ein „Lump" und ein „Liebesbrunnen". Beim Weinort Rehborn allerdings, dort, wo die Hänge am steilsten sind, gibt es auch eine Weinlage namens „Schikanenbuckel". Man braucht nicht viel Fantasie, um sich vorzustellen, wie das Stück Land wohl zu seiner Bezeichnung gekommen ist.

Um die Weinlage ging es natürlich nicht, als „Saach blooß" nach dem Pfälzer „Schikanebuckel" gefragt hat – oder dem „Schigoonebuckel", wie er vielerorts genannt wird. Aber einen ersten Eindruck vom Thema vermittelt der Steilhang an der Nahe doch. „Böswillig bereitete Schwierigkeit" oder „mutwillig verursachte Erschwernis" lauten die Definitionen von „Schikane", die Reinhard Hartmann aus Kaiserslautern im Duden und Hermann Grundhöfer aus Harthausen im Internet gefunden haben. Da hätte dann also, um noch einmal bei der Weinlage zu bleiben, die Natur dem Menschen Knüppel zwischen die Beine geworfen.

Wenn ein Mensch einen anderen schikaniert, wenn er „überall Hürden aufbaut, wo eigentlich alles glattlaufen sollte", dann wird er in der Pfalz als „Schikanebuckel" tituliert, schreibt Hiltraud Zell aus Heidelberg, deren Großmutter in Heuchelheim bei Landau aufwuchs. Klaus Kronibus aus Enkenbach-Alsenborn schildert uns die ganze Bandbreite der Schikane vom Psychoterror über das Mobbing bis zur Diskriminierung und zum öffentlichen Bloßstellen durch Blamage – wenn es zum Beispiel darum geht, dem Klassenkasper das Leben zur Hölle zu machen.

Dem Wort „Schikane" nach handelt es sich beim „Schikanebuckel" also um einen bösen Menschen. Doris Rittmann aus Birkenheide leitet daraus ab: Der „Schikanebuckel" zielt bewusst „auf die psychische Zerstörung seines Gegenübers". Doch mehrheitsfähig ist diese drastische Einschätzung nicht. „Das ist kein bösartiger Leuteschinder", sagt zum Beispiel Manfred Bauer aus Ludwigshafen, „sondern ein naturtrüber Seldefrehlich, eher eine Art Nörgelsack, ein Besserwisser, einer, dem man kaum etwas recht machen kann." Also einer, der gern „hinnerum g'hoowe sei will". Der Tipp des Lesers: „Am Beschde heerscht gar net hie, dann vergisst er's widder vun selwertscht." Der Schikanebuckel sei angesiedelt „in der Nähe vom Dibbelschisser und vom Griwwelbisser", er sei „ein Quälgeist, der seiner Umwelt gehörig auf die Nerven geht". Jedoch: „Sozialschädlich ist sein Verhalten nicht, nur manchmal ein bisschen lästig." Laut Gisela Keller aus Zweibrücken treten auch Kinder gerne mal als „Schikanebuckel" oder „Schigoonebuckel" auf, wenn sie ihren Willen durchsetzen wollen. „Einer, dem es zu gut geht, und der an allem etwas auszusetzen hat" – so sieht Inge Schornick aus Ludwigshafen den „Schikanebuckel". Sie hält so einer Person entgegen: „Ä mol is der die Supp zu heeß, dann es Fläsch zu fett, es Gemies net wäsch genuch – wäscht was, koch der selwer!" Tiefgreifende Bosheit ist hier ebensowenig zu finden wie im Beispiel von Hans Estelmann aus Böchingen: „Du bescht änn alte Ferzbeitel, du bescht änn richticher Schikanebuckel!" Skurril wird's bei „de Karin un de Elke vun de Haßlocher Sparkass": „Was ach schä is, is en Schikaneschorle: en saure Woischorle

mit äm Schuss süß Wasser – Brrrrr!!!"

Klaus Kronibus verweist auf eine zweite Bedeutung der Schikane, die bei Weitem nicht so negativ sei wie die „böswillig bereitete Schwierigkeit": Dabei geht es ums Foppen, Auf-den-Arm-Nehmen, Hereinlegen. Beispiel: „Wenn meine Schwiegereltern schlachteten, hängte ich meiner Schwiegermutter gerne unbemerkt das Sauschwänzchen an die Kittelschürze." Karlfried Obenauer aus Winnweiler liegt gleichfalls auf dieser entspannten Linie: „De Schikanebuckel hott de Kopp voll Flöh, lacht schelmisch, iss net ganz ernscht zu nemme, macht lauter dumm Zeigs, is in känn Sack se bringe, er iss a Schinnoos."

Das Wort „Schikane" geht auf das französische „chicane" zurück, das für Hindernis auf der Straße steht (wie eine Schikane in der Formel 1) aber auch für „Spitzfindigkeit" oder „Rechtsverdrehung". Kein Zufall also, wenn „Schikanebuckel" gerne mal in Ämtern sitzen.

Der zweite Wort-Teil erklärt sich nicht so einfach. Manfred Bauer verweist auf den „Schuldebuckel", der sprachlich mit dem „Schikanebuckel" verwandt sei: Der eine habe einen krummen Rücken von der finanziellen Last, der andere schleppe, bildlich gesprochen, einen Sack voll Bosheiten mit sich herum und gehe deshalb gebeugt. Auch Doris Rittmann nimmt den krummen Rücken wörtlich: „Der Schikanebuckel macht krumme, verlogene, bösartige Schwierigkeiten." Hermann Grundhöfer argumentiert anders: „Der Buckel rührt daher, dass der (schuldbewusste) Schikanierer, um nicht erkannt oder erwischt zu werden, seinen Kopf einzieht, die Achseln hochdrückt und dadurch die obere Rückenpartie sich herauswölbt." Ein gelungenes Bild, findet „Saach blooß", auch wenn sich für Reinhard Hartmann der „Buckel" viel einfacher erklärt: Hier stehe ein Körperteil stellvertretend für eine ganze Person, wie das beispielsweise auch beim „Querkopp" der Fall sei.

Bevor jetzt jemand Erschwerniszulage verlangt, beenden wir den Beitrag an dieser Stelle – natürlich nur, wenn es Ihnen nicht zu viele Umstände macht und es keine mutwillige Erschwernis für Sie bedeutet.

FOLGE 172, ERSCHIENEN AM 8.7.2011

„DUTT", „TUTT", „TUUT"

Eine Tasche, voll mit Nackten

Das kommt gar nicht in die Tüte! Oder etwa doch?

Gehen Sie mal in Ihre Küche und reißen Sie die Schubladen und Schränke auf. „Saach blooß" sagt eine 85-prozentige Wahrscheinlichkeit voraus, dass Sie dort auf ein Objekt stoßen, das nicht nur aus hauswirtschaftlicher Sicht hochinteressant, sondern zugleich ein Glanzlicht des Pfälzer Dialekts ist: die „Dudde-Dutt". Betty Burk aus Neupotz erklärt das Phänomen so: „Es gibt so viele Arte vun Dudde (Wunderdutt, Plaschdikdutt, Babierdutt, Eisdutt, Kotzdutt, Abfalldutt, Staubsaucherdutt un so weider), dass es wahrscheins in jedem Haushalt noch ä Dudde-Dutt gäbbt, wu alle Dudde neikummen, die zum Fortschmeiße zu schad sin."

Sie lesen recht: In unserer Serie geht es heute tatsächlich um die gemeine „Tüte", in der sprachlich allerdings viel mehr steckt, als das kleine Wort vermuten lässt. Das Auffälligste: Die Pfalz ist aufgeteilt in – im Wesentlichen – zwei Tütenfraktionen. Während Vorder- und Südpfälzer alles Mögliche in die „Dutt" packen (nicht zu verwechseln mit dem gleichnamigen Haarknoten), kommt in Nord- und Westpfalz die „Tutt" zum Einsatz (nur mancherorts ist von der „Tuut" die Rede). Es mag noch andere Unterschiede zwischen den Pfälzern diesseits und jenseits der Haardt geben – am weichen „d" oder am harten „t" beim pfälzischen Wort für „Tüte" lässt sich die Herkunft schon zweifelsfrei eingrenzen.

Das Wort „Tute" für „trichterförmiges Behältnis" wurde laut Duden im 16. Jahrhundert aus dem Nieder- ins Hochdeutsche übernommen. Viele Leser erinnern sich zum Beispiel an die trichterförmigen Papiertüten, mit denen früher viele Lebensmittel verpackt wurden. „Fer moi Sunndaagsgeld han ich mer e ganzi Tutt Schnääkes kaaft", berichtet Klaus Kronibus aus

Enkenbach-Alsenborn. „Ein Pfund Mehl, Zucker, Reis oder Grieß wurde mit einem besonderen Schippchen in die Dutt gefüllt und auf einer besonderen Waage abgewogen, damit die Dutt nicht umfiel", schreibt Herta Barchet aus Fußgönheim, die früher oft im Kolonialwarenladen ihrer Tante einkaufte. Durfte die kleine Herta noch „e bissel Gutsel" kaufen, kam dies in ein kleines Düttche.

Besonders an den Verkleinerungsformen wird die lautliche Bandbreite der Pfälzer Mundart deutlich. „Mach ma mool es Weihnochtsgebäck in das Tiidsche do", heißt es bei Gisela Schumann in Grünstadt. „Sell ich's in e Diddel duu?" , könnte dagegen eine Frage in Jockgrim lauten, wie Hans Metz erzählt. Uta Müller aus Neustadt spricht derweil von Diddelscher, Heinrich Rudolphi aus Ramstein-Miesenbach von Tüttcher oder Tittcher.

Was die pfälzische Tüte daneben aber vor allem auszeichnet, ist ihre ausufernde Verwendung in Redensarten. Rudolf Walther aus Großkarlbach erzählt den Witz: „Mensch, Schorsch, altes Haus, disch hawwisch jo schun eewisch nimmi gseh, was hoschde dann in denne ganze Johre gemacht? Druff de Schorsch: Dutte, Karl, Dutte, Dutte." Wer einst – sprichwörtlich oder tatsächlich – „Tuude" (oder „Dudde" oder „Tutte") „gekläbt hot", der hielt sich im Gefängnis auf, erklärt Reinhard Hartmann aus Kaiserslautern. Für die Polizei interessant sei übrigens auch, wer „e Dutt" mit Marihuana rauche und dann in eine Verkehrskontrolle gerate, schreibt Thomas Zech aus Bobenheim-Roxheim (ein Tipp von „Saach blooß": Nicht unter Strafe steht der Konsum von „Duddesupp"). Festzuhalten ist: „Eine Tüte rauchen" und „Tüten kleben" zählen wie „Des kummt iwwer-

„Du bischt jo widder voll wie e Dutt!"

haupt nit in die Dutt" zu jenen Redensarten, die in ähnlicher Form sowohl im Hochdeutschen als auch im Pfälzischen vorkommen. Nur im Dialekt gebräuchlich sein dürften dagegen auf der Tüte basierende Schmähungen wie „dummi Tutt" (für „törichtes Frauenzimmer", eingeschickt von Inge Schornick aus Ludwigshafen) und „aldi Dutt" (für „aufgebrezelte ältere Dame", gemailt von Marita Burger aus Kaiserslautern). Vermutlich ebenfalls vornehmlich vom Pfälzischen geprägt sein dürfte schließlich eine ganze Reihe verwandter Redensarten. Reinhard Hartmann kennt sie als „Der gebt aa wie e Tutt voll Micke". Bei Gisela Schumann heißt es „Der gebbt on wie e Tuut voll nackische Ente", bei Manfred Bauer – politisch vollkommen unkorrekt, aber nichtsdestotrotz weit verbreitet – „Du gebbscht ja aa wie e Dudd voll naggische Neger".

Wie diese Sprüche im Einzelnen entstanden sind, ist völlig unklar. „Saach blooß" nimmt an, hier soll durch ein möglichst abstruses Bild deutlich gemacht werden, wie sehr jemand durch seine Angeberei aus der Reihe fällt. (Es kann übrigens sein, das jemand deshalb so großspurig tut, weil er er zu viele „Dutte" hat, also: „Flogge" oder „Migge" oder „Moneede", wie Hans Metz aus Jockgrim anmerkt.)

Von allein erklären sich dagegen zwei besonders anschauliche pfälzische Tüten-Sprüche. Klare Sache, dass sich eine „Dutt voll Flöh" einfacher hüten lässt als eine Gruppe kleiner Knirpse, wie Hans Estelmann aus Böchingen schreibt. Wenig Fantasie braucht man auch für das Verständnis der Geschichte von Klaus Kronibus: „Hosch's schun geheert? De Heiner wär mit seim Fahrrad in de Schosseegraawe gefahr. Er wär werre voll gewässt wie e Tutt (soll heißen: Er war stockbesoffen)."

Nicht unterschlagen wollen wir an dieser Stelle die Tute (das Blasinstrument, das aussieht wie ein trichterförmiges Horn und das sprachlich auf dieselbe Wurzel zurückgeht wie die Tüte) sowie die Pointe von Manfred Tomberger aus Bad Bergzabern: Wie sagte die Pfälzer Kundin, die im Geschäft mit ihrem Hochdeutsch angeben wollte „wie e Dutt voll Naggische"? – „Gäpen Sie mir bitte eine Tuute." Höchste Zeit, dass bei „Saach blooß" die Feierabendhupe tutet ...

FOLGE 173, ERSCHIENEN AM 28.7.2011

„KRÄCKSE"

Mit Ach und Krach

Jammern gehört in der Pfalz zum guten Ton.
Ein Ausflug ins trübselige Reich der „Pienser"

„Doch niemand heilt durch
Jammern seinen Harm."
William Shakespeare, Richard III.

„Wer lang kräckst, lebt lang."
Pfälzische Volksweisheit

Wer in diesen beiden Sinnsprüchen einen Widerspruch zu entdecken glaubt, hat sich noch nicht eingehend mit dem Wesen der Pfälzerinnen und Pfälzer befasst. Zwar ist auch zwischen Rhein und Saar noch kein Mensch durch Jammern und Wehklagen gesund geworden. Doch wer sagt, dass jemand krank sein muss, bevor er zu jammern oder auf gut Pfälzisch zu „kräckse" beginnt?

Kräckse bedeutet, „dass man nach einer bestimmten Anstrengung lebhaft und schwer atmet und leise, stoßweiße Laute von sich gibt", schreibt Helmut Wingerter aus Neustadt. Wir malen uns einfach mal aus, um welche Anstrengungen es sich dabei handeln könnte. Uta Müller aus Neustadt fühlt sich jedenfalls – ganz unverfänglich – an die Fabel vom Fuchs erinnert, der dem eitlen Raben (pfälzisch: „Krabb") den Käse abluchst, indem er dessen schauriges „Kräckse" als schönen Gesang lobt.

Fakt ist: Das Volk, das das Wort „piense" erfunden hat, lässt sich auch beim „Kräckse" nicht lumpen und greint, was das Zeug hält – wobei „kräckse", wie Klaus Kronibus aus Enkenbach-Alsenborn schreibt, für „jammern, stöhnen, ächzen, seufzen, wehklagen" und, na klar!, für „krächzen" steht. Es werde, so der Leser, vor allem spöttisch-ironisch verwendet. Man misstraue dem „Kräckser", erklärt Reinhard Hartmann aus Kaiserslautern, man unterstelle ihm faule Ausreden, Vorwände, Drückebergerei. Beispiel von Hans Estelmann aus Böchingen – der sich in (s) eine Frau hineindenkt: „Wann mein Mann Arwett riecht, fangt er aa zu kräcks", doch wenn er abends zum Stammtisch will, „esch's Kräckse vebei".

„Stell dich net sou draa!" ist für Aloisia Gurk aus Dudenhofen die Botschaft hinter zwei pfalzweit bekannten Sprüchen „Wer lang kräckst, lebt lang" oder: „Die Kräckser un die Keicher (Keucher) gehn am längschde uff de Speicher." Denn: „Wer wirklich krank ist, kräckst nicht." Außerdem im Sprüche-Angebot: „E jungi Kräcks werd e aldi Hex", eingeschickt von Elli Groß aus Hütschenhausen.

Dass die Pfälzer serienweise solche Redensarten erfinden, legt den Schluss nahe, dass sie es besonders häufig mit eingebildeten Kranken zu tun haben. „Es gibt Mitmenschen", schreibt Marga Stühler per E-Mail, „die fast tagtäglich über irgendein Wehwehchen jammern." „Die ald Krecks kreckst blooß dorum, ohne werklich krank se sen", sagt Klaus Juner aus Hersch-

berg. „Mein Mann kräckst den lieben langen Tag, einmal sind es die Füße, dann ist es die Hüfte und zuletzt das Kreuz", berichtet Edda Schelling aus Limburgerhof. Zwischen den Zeilen klingt stets durch: Der Kräckser kräckst nicht, weil er leidet, sondern weil ihm jemand zuhört. Kein Wunder, dass Waltraut Dreyer aus Oberotterbach um Hilfe ruft: „Ich kann dei Rumgekrecks ball nimmi heere!"

Man sollte nun allerdings nicht zu dem Schluss gelangen, das „Kräckse" sei immer nur Schauspielerei. Andreas Lutz aus Speyer hat das Gegenteil am eigenen Leib erfahren: „Wann die Dande Liss die Kich uffgewischt hot, dann hot se bei jedem Wischer gekreckst", erinnert er sich. „Als Bu hab ich dann versucht, ob des Uffwische mit Kreckse besser geht, awwer des war noch aaschdrengender. Heid, wu ich e bissel älder bin, krecks ich halt ach als mol, wann mer do un dort was

Zwää Kräckser

weh dut." Soll heißen: Jemand, der „kräckst", kann (zumindest im Einzelfall) wirklich Schmerzen haben.

Das sieht auch Gretel Bastian aus Hütschenhausen so. Sie glaubt, dass „Kräckser" gesundheitlich angeschlagen, wenn auch nicht ernsthaft krank sind: „Wie geht's dann deiner Fraa? – Ach, die kreckst schunn acht Daa erum." Rita Kirstahler aus Wörth-Büchelberg liefert schließlich ein Beispiel, bei dem die Kräckserei entgegen der allgemeinen Erwartung doch böse endet: „Hasch's schon g'heert, d' Käthsche isch gschtorwe. – Jo, die hat jo schon lang do rumgegreggst." Wir lernen: Man schaut (oder hört) lieber etwas genauer hin, bevor man einen „Kräckser" oder eine „Kräckserin" der Schauspielerei bezichtigt.

Noch klarer als beim Wort „piense" liegt der Ursprung von „kräckse" in der Lautmalerei. Die Wort-Laute bilden das „Kräcks"-Geräusch nach, sagen Claudia und Bernd Hofmann aus Dudenhofen. So kommt eine Verwandtschaft zu „ächzen" ins Spiel. Laut Duden gehören aber auch „krähen", „krachen" und „kreischen" zur Wortfamilie.

Selbstverständlich nutzen die Pfälzer „kräckse" auch im übertragenen Sinne. „Des hot soin ledschde Kräckser gedue" kann es heißen, „wenn das geliebte Radio nach mehreren Seufzern und Fehltönen endgültig seinen Geist aufgegeben hat", schreibt Elke Plass-Mackensen aus Niederkirchen. Auch eine Tür, ein Mühlrad oder ein Baum im Wind können „kräckse". Und wer „zu kreckse hot", so Inge Schornick aus Ludwigshafen, „der hat es schwer, sich wirtschaftlich über Wasser zu halten." („Manch enner kreckst vun Monat zu Monat, weil's Geld all is", sagen „die Karin un die Elke vun de Haßlocher Sparkass", die so was ja wissen müssen.) Derweil bekommt jemand, der nicht mit der Wahrheit oder einem Wunsch herausrückt, zu hören: „Kräcks doch net so erum, mach doch dei Maul uff un saa endlich, was de willscht!", (eingeschickt von Günter Holzhauser aus Niedermohr).

So drastisch will „Saach blooß" sich zwar nicht ausdrücken, aber wir würden uns schon freuen, wenn die Leser auch in Zukunft stets brav mit der Wahrheit herausrücken würden, wenn es um das Enträtseln der Geheimnisse des Pfälzischen geht.

FOLGE 174, ERSCHIENEN AM 16.8.2011

„VERBAMBUSCHIERE"

„Es ganze Gerschdel verbumfiedelt"

Unser Beitrag zur Weltfinanzkrise:
Wir erinnern an das alte Wort für „Geld verschleudern"

Das Wort ist vom Aussterben bedroht, mindestens. Vergessen dümpelt es im kollektiven Unterbewusstsein der Pfälzer herum. Noch ein paar Jahre, und kein Mensch hätte mehr etwas damit anfangen können. Aus und vorbei wäre es gewesen. Schluss. Finito. Doch spätestens die jüngste Weltfinanzkrise beweist: Das Wort „verbambuschiere" darf nicht sterben! Und die Varianten „verbumbaschiere" und „verbambaschiere" natürlich auch nicht!

„Bimbes, Flocke, Micke, Dutte, Zaschder, Marie, Kies, Moos, Bullwer" – die Liste der pfälzischen Begriffe für Geld ist schier endlos. Aber kein Wort bringt schöner zum Ausdruck, wie schnell sich die schöne Penunze auch wieder in Luft auflösen kann als „verbambuschiere". Denn es steht wie kaum ein anderes Wort für „verprassen", „verschleudern" oder „auf den Kopf hauen", wie Liesel Dries

aus Hochstadt und Hans Mannweiler aus Frankenthal übersetzen.

„Ach Gott, sinn Johre, dass ich des Wort zum letschde Mol g'heert hab", schreibt Uta Müller aus Neustadt und erinnert sich, wie ihr die Großmutter einst 50 Pfennige zusteckte, stets verbunden mit der Mahnung: „Mädel, verbambuschier se awwer net!" Natürlich wollte die Enkelin das frische Kapital nicht „ins Sparkässel schmeiße", sondern es viel lieber „im Gutsellade, beim Feikert, verbambuschiere (fer Lakritzstängelscher) oder beim Spielware-Forsch (fer Glaskligger, fünf Penning es Stick)". Doch die Vernunft siegte: Wäre das Geld gleich weg gewesen, „hätt moi Großmutter g'scholte unn ich hätt so schnell net wieder was kriehd". Zwei Leserinnen haben ganz ähnliche Erfahrungen gemacht: „Du doi Kerwegeld numme net glei am erschte Daa verbumbascheere", bekam Sabine Rung aus Thaleischweiler-Fröschen von ihren Eltern zu hören, „Kind, hasche schon widder doi ganzes Kerwegeld verbambuschiert, das eigentlich bis Kerwemondaa hat lange solle?" hieß es bei Uta Fasco in Waldfischbach-Burgalben. „Verplempern" ist ein Synonym, also ein gleichbedeutendes Wort, das Gisela Keller aus Zweibrücken und Erna Katschinski aus Kaiserslautern zu „verbambuschiere" einfällt, während Manfred Bauer aus Ludwigshafen Pfälzisches wie „verbumbeidle", „verbumfiedle" und „verkuhwedle" in den Sinn kommt – was immerhin beweist, dass die Pfälzerinnen und Pfälzer mehr als einen Weg kennen, ihr Geld loszuwerden – und zwar ganz ohne Börsencrash oder Eurorettung. „Mei Frää trämt vun ämme neije Auto", schreibt zum Beispiel Hans Estelmann aus Böchingen, „debei hot se unser Geld verbambuschiert fer neije Klamotte."

Und Inge Schornick aus Ludwigshafen hat ihre Postkarte an „Saach blooß" mit dem Vermerk versehen: „Do verbambaschier ich mol e Briefmark, odder?" – „Saach blooß" dankt ganz herzlich für dieses finanzielle Engagement, vertraut aber fest darauf, dass die Leserin dadurch nicht „ihr Sach verbambaschiert hot" – ihr ganzes Vermögen durchgebracht nämlich.

In dieser Bedeutung – finanzieller Totalverlust – ist „verbambuschiere" noch am weitesten verbreitet, meist in Verbindung mit einem zweiten eher selten verwendeten Begriff: „Hoscht schun g'heert", fragt Irmgard Schäfer, die vor fast 50 Jahren aus Ludwigshafen ins hessische Lauterbach zog, „de Schan-Bebbes hot de Bawett ihr ganz Gerschdel verbambaschiert!" Horst Dörflinger und Christl Weber aus Bad Bergzabern kennen die Formulierung auch: „De Schleepeter hot sei ganzes Gerschtel

„Du duuscht noch unser ganzes Gerschdel verbumfiedle!"

verbambuschiert". Man beachte, dass bei beiden Zitaten gleich ein Schuldiger für das Finanzdrama benannt wird, ganz egal, ob er fremdes oder sein eigenes Geld sinnlos verprasst hat. Der Begriff „Gerschdel" für „Vermögen" oder „Hab und Gut", der auch Marianne Schöndorf aus Ludwigshafen geläufig ist, geht jedenfalls auf die Gerste zurück.

Ein großer Getreidevorrat nach einer guten Ernte galt einst ein Synonym für Reichtum.

Klaus Kronibus aus Enkenbach-Alsenborn wurde auf der Suche nach der Wurzel von „verbambuschiere" zunächst in der Luxemburger Mundart fündig. Dort stehe „Bamboche" oder „Bambocherei" für „Schwelgerei" oder „Ausschweifung in leiblichen Genüssen", aber auch für „Prahlerei" und „Übertreibung". Tatsächlich stammt das Wort „bamboche" aus dem Französischen, wo es für „Saufgelage" steht, wie Reinhard Hartmann aus Kaiserslautern herausgefunden hat. Das französische Verb „bambocher" bedeutet „ein ausschweifendes, liederliches Leben führen" oder „prassen", sagt auch Inge Schornick. Ein deutsches „ver-" davor, schon haben wir ver-bambuschiere für „verprassen". Im Spanischen hat sich ein ähnliches Wort erhalten: „Bamboche" heißt dort „kleiner Dickwanst".

Wie „Saach blooß" jetzt allerdings noch mal die Kurve zur Weltfinanzlage kriegen soll, ohne Schmähverse auf dickleibige Bonzen anzustimmen, wissen wir auch nicht.

Versuchen wir's erst gar nicht.

Folge 175, erschienen am 2.9.2011

„HINNERFOTZICH"

Bleichgesicht spricht mit gespaltener Zunge

Bayerische Beleidigung, eingepfälzert –
das kann nicht gut gehen

Gott sei Dank gibt es die Bayern. Oder, etwas zurückhaltender ausgedrückt: Wer hätte gedacht, dass „Saach blooß" sich mal über eine bayerische Beleidigung freut?

„Hoit dei Fotzn!", mosert der gemeine Lederhosenträger, wenn es beim Pfälzer „Halt dei Gosch!" heißen würde, schreibt Manfred Bauer aus Ludwigshafen. Warum uns das so freut? Weil wir nun, um das pfälzische Wort „hinnerfotzich" zu erklären, „nicht ins Vulgäre verfallen müssen", wie Reinhard Hartmann aus Kaiserslautern befürchtet hatte.

„Die Bayern haben lange genug die Pfälzer geärgert, um sprachlich Spuren zu hinterlassen", sagt Gisela Schumann aus Grünstadt, und Uta Müller aus Neustadt erklärt: „Fotz is zwar kän schääner Ausdruck, awwer er steht norre fer ‚Mund' oder ‚Maul', was mer schunn an dem pälzische Synonym fer Zahnarzt

merkt, em ‚Fotzespengler'". Und das ist erst der Anfang. Wenn der Bayer vom „Fotzhobel" redet, dann geht es um die Mundharmonika, sagt Klaus Juner aus Herschberg. Und fängt im Land der Lederhosen jemand eine Backpfeife – also kriegt er „eins in die Fresse" – oder bekommt er selbiges lautstark angedroht, dann steht „a saftige Fotzn" in Rede, weiß Christian Blum aus Zweibrücken.

Wir halten also fest: Das vulgärsprachliche Wort für das weibliche Geschlechtsorgan wird für diese „Saach-blooß"-Folge nicht benötigt. Es hat mit dem Wort „hinnerfotzich" einfach nichts zu tun – auch wenn bei vielen Lesern zumindest im Hinterkopf der unangenehme Bezug mitschwingen dürfte. Denn wer den bayerisch-österreichischen Bezug zum „Maul" nicht kennt, hat ja auch kaum eine andere Wahl, als auf falsche Gedanken zu kommen.

Doch ist das Wort auch in seiner sexuell unverfänglichen Dialektversion unangenehm genug. „Er ist net ehrlich, sondern läschdert un hetzt hinnerm Ricke" – so sehen die Karin un die Elke vun de Haßlocher Sparkass' einen Hinnerfotz. Ins Gesicht „macht er der schää", schreibt Maria Burkart aus Enkenbach-Alsenborn, aber hintenrum verbreite er konsequent Boshaftes – klarer lässt sich das Wort „hinnerfotzich" wohl kaum erklären. Vielleicht noch so: „Das Bleichgesicht", schreibt Manfred Bauer, „spricht mit gespaltener Zunge."

Spannender als Karl May ist allerdings die Frage, wie sich die Hinnerfotzichkeit offenbart. „Hei, Schorsch, im Koschdevoroschlaach war'n 's noch hunnertfuffzisch Euro, un jetzt schiggschd mer ä Rechnung iwwer vierhunnerd. Schää hinnerfotzisch!", liefert Gerhard Kinsler aus Römerberg ein Beispiel aus der Geschäftswelt. Dem Bereich Sport entstammt ein Zitat von Peter Keller aus Landau: „De Schiedsrichter guggt grad net un de Verteidicher stellt em Stirmer de Fuß, dass er de Läng nooch uff de Raase borzelt. Hinnenooch macht er donn e Uuschuldsmien, als wär nix gewesst." Den Themenbereich Dorftratsch deckt Klaus Kronibus aus Enkenbach-Alsenborn ab: „Heer uff mit doim hinnerfotzische Gebabbel iwwer die Else! Geschdern war'n er noch zammeg'hockt un heit schillscht iwwer se." Wahre Hinterlist erkennt der Leser in solchem Verhalten

„Heimtücke, Unehrlichkeit und Widersprüchlichkeit" sind für Hans Mannweiler aus Frankenthal die Kennzeichen eines hinterfotzigen Menschen. Hundsgemein, falsch, verlogen, hinterhältig, link, intrigant, niederträchtig, verschlagen, unzuverlässig, charakterlos, betrüge-

risch, unehrlich, nicht koscher, unverschämt, verleumderisch, in negativem Sinne raffiniert – die Liste hochdeutscher Übersetzungen, die unsere Leserinnen und Leser für das Wort hinnerfotzich liefern, ist so lang, dass einem angst und bange werden kann. Was zeigt: Die Bayern haben es wohl aus gutem Grund hinterlassen.

Dabei hat auch das Pfälzische viele unangenehme Assoziationen zu „hinnerfotzich" parat. Von einem „Schäduuner", also von einem, der (nur vornerum) schöntut, spricht zum Beispiel Gerhard Kinsler. Der „Häämducker" oder „Häämdicker" kommt Marita Burger aus Kaiserslautern und Manfred Bauer in den Sinn – ein Mensch also, der sich zu Hause abduckt, nachdem er draußen in der Welt sein Gift versprüht hat. Christian Blum kennt aus dem Saarland den Begriff „sießhoorisch". Hier steht das süße Honig-ums-Maul-Schmieren im Vordergrund, das sich später als unehrlich entpuppen wird – was wohl auch für das Wort „katzefreindlich" gilt. Gemeint ist hier nicht die Liebe zu Mohrle, Miez, und, jaja, Muschi (das Wortspiel war dann doch zu verlockend), sondern die „hinterfotzige" Neigung der meisten Katzenviecher, sich erst schnurrend einzuschleimen, um einem dann fauchend die kalte Schulter zu zeigen.

Sogar ein Radfahrer hat den Weg in die heutige Folge geschafft – jedoch nicht der umweltfreundliche, sportliche Fortbeweger – „Ja, mir san mi'm Radl do", würde der Bayer vielleicht singen – sondern der Karrierist, der laut Benno Rahm aus Kaiserslautern in der Firma nach oben buckelt und nach unten tritt, ganz wie beim Radeln.

Mal unter uns: „A saftige Fotzn" würde da vielleicht Abhilfe schaffen. Bis dahin: Pfüat Eich!

FOLGE 176, ERSCHIENEN AM 12.10.2011

„LÄBBSCH"

Der Geschmack von aufgebrühtem Vorhang

Manche mögen's heiß – oder besser: scharf.
Oder wenigstens salzig. Auf keinen Fall aber fad

An zwei der drei Grundregeln zwischenmenschlichen Zusammenlebens halten sich sogar die Pfälzer. Natürlich ist die neue Frisur „wunderbar", mit der die Frau abends ins gemeinsame Nest zurückkehrt. Und nein, diese Hose macht dich wirklich nicht dick. Echt nicht. Bei Regel Nummer drei jedoch, da kennt der Pfälzer nix. Beim Essen und Trinken hört der Spaß nämlich auf. Das legen zumindest die Zuschriften nahe, die uns zum Wort läbbsch erreicht haben.

„Marie, was hosch dann do widder fer e läbbschi Grumbersupp gekocht?", schreibt Hedwig Elisbeth Braun aus Bellheim.

„Was, Kaffee soll des sei? Des isch e schäänie labbschie Brie!", schreibt Heinz Hener aus Maikammer.

„Doi Blummekohl is heit wärre so lebsch, do kennsche es Workse kriee!", schreibt Klaus Kronibus aus Enkenbach-Alsenborn.

Es wird kein Blatt vor den Mund genommen, wenn Speis oder Trank „zu wenig gewürzt", „fade" oder „geschmacklos" sind, wie nach Ansicht nahezu aller Einsender die hochdeutsche Übersetzung für „läbbsch" lautet. Die Konsequenzen derart unverblümter Kritik werden in Kauf genommen. „„Do hosch heid widder läbbsch gekocht', saat de Hannes zu seiner Fraa – unn schunn geht de Zores los", schreibt Karlfried Obenauer aus Winnweiler. Doch wen stört das bisschen Zores, wenn es um höhere Ziele geht: das rechte Maß an Würze im Leben?

Es schmeckt „wie Arsch un Friedrich" oder „wie frisch uffgebriehter Vorhang" sind Manfred Bauer als pfälzische Alternativen in den Sinn gekommen – womit noch deutlicher wird, wie sehr die Pfälzer auf ausreichend Salz in ihrer Suppe drängen. Und nicht nur die. In ihrer Heimat, dem Saarland, werde das Wort „läbbsch" ebenfalls verwendet, schreibt Monika Baierlein, die heute im südpfälzischen Offenbach lebt.

Die Behauptung, eine versalzene Suppe lasse auf einen verliebten Koch oder eine verliebte Köchin schließen, verleitet Gisela Schumann aus Grünstadt zum Umkehrschluss: Wer „läbbsch" kocht, bei dem köchelt das Feuer der Leidenschaft nur noch auf kleinster Flamme. Das passt wiederum zur Einschätzung „vun de Karin un de Elke vun de Haßlocher Sparkass": „E läbbschi Supp heizt net oi!" Man kann hier wohl von einem Teufelskreis der Emotionslosigkeit sprechen: Keine Liebe, kein Salz, keine Liebe. – Ob da die Flasche Maggi noch helfen kann, nach der es viele Suppenkasper verlangt (egal wie salzig die Suppe schon ist), wagt „Saach blooß" jedenfalls zu bezweifeln.

Wenn es um Personen geht statt um Speisen, wechselt das Gewürz. „Dem fehlt e Portion Peffer" oder „der hot känn Peffer im Arsch" heißt es von Menschen, die als „läbbsch" bezeichnet werden. „Träge, saft- und kraftlos" sei so jemand, schreibt Doris Rittmann aus Birkenheide. Er habe keinen Mumm und könne sich zu nichts aufraffen, meint Inge Schneider aus Kaiserslautern. „Mit dem ist nicht viel los", sagt Georg Wiehn aus Freinsheim. Bei „läbbschem" Unterricht eines „läbbschen" Lehrers „schloofen die Kinner fascht ei", ärgert sich Ursula Kaulartz aus Landau.

Auf Pfälzisch formuliert es Karlfried Obenauer: „Du bisch e läbbscher Hund. Mit der iss heit widder nix ansefange, stehsch do unn gugsch dumm aus de Wäsch, langweilisch, lädlääwisch unn e bisje heebgedreht." Anders sehen es Heinrich Rudolphi aus Ramstein-Miesenbach und Marita Burger aus Kaiserslautern. Für sie ist ein „läbbscher"

Mensch nicht „äädärmlich" oder langweilig, er ist vielmehr „schlecht drauf", „mies gelaunt" oder einfach „sauer".

So oder so: Auch beim Menschen erweist sich der Mangel an Würze (oder dauerhaft schlechte Laune) als Liebeshindernis. Und nicht nur, weil sich ein unreifer, kindischer Mann – „lebbsch wie Bachwasser" – als Alptraum al-

ler Beinahe-Schwiegermütter erweist, wie Günter Blank per E-Mail schreibt. Klaus Hollinger aus Spirkelbach schickte uns folgenden Kurzdialog: „Hoscht du dei Freind nimmi?" – „Nee, der war mer viel zu läbbsch." – „E läbbsches Märe kriet sei Lebdag kee gescheiter Mann", hält Helga Jungen aus Carlsberg fest. Das deckt sich mit der Einsendung von Günter Mink, wonach im Ludwigshafener Hemshof „läbbschi Määd" mit „nicht zu temperamentvolle Frau" oder lieber gleich mit „doofi Nuss" übersetzt wird. Liebe geht also doch nicht nur durch den Magen ...

Das Wort „läbbsch" dürfte auf das mittelalterliche Wort „Lappe" zurückgehen, das „Narr" oder „Dummkopf" bedeutet und sich in (geputzter) Laffe erhalten hat, schreiben Reinhard Hartmann aus Kaiserslautern und Inge Schornick aus Ludwigshafen. Damit wäre „läbbsch" auch mit dem hochdeutschen „läppisch" verwandt. Auch der Pfälzer „Labbeduddel" gehöre wohl zur Wortfamilie, ebenso die Lappalie, meint Uta Müller aus Neustadt. Einfältig – langweilig – ungewürzt wäre hier die Bedeutungsentwicklung. Klaus Juner aus Herschberg vermutet dagegen, das mittelhochdeutsche „la, laewe, law, lab" für „lau" und „mild" könnte Pate für „läbbsch" gestanden haben.

Wir lassen die Antwort mal offen, denn der Disput ist natürlich auch das Salz in unserer Suppe.

Folge 177, erschienen am 3.11.2011

„BRESSIERE"

Goldfinger macht Druck

Pfälzisch lernen mit Gert Fröbe

James Bond, 1965. Der Erzschurke Goldfinger alias Gert Fröbe sitzt mit ein paar Mafiakomplizen zusammen. Einer will gehen, und Goldfinger sagt, man solle den Mann nicht aufhalten, denn er habe noch eine „pressante Verabredung". Der dringende Termin stellt sich als Rendezvous mit einer Auto-Schrottpresse heraus, und die Sache endet damit, dass der Mann zusammen mit einer Million Dollar in Gold zu einem transportfähigen Paket zerdrückt wird.

Was lernen wir aus dieser Filmszene, an die sich Manfred Bauer aus Ludwigshafen für „Saach blooß" erinnert hat? a) Die Wörter „bressant" (oder „pressant") und „bressiere" gibt's nicht nur in der Pfalz. b) Nicht immer, wenn's „bressiert", kommt etwas Gutes dabei heraus. Und c): „Bressiere" hängt offensichtlich mit „feste drücken" zusammen.

Das wussten die Pfälzer allerdings schon lange. „Wann's eme Pälzer bressiert, dann steht er orndlich unner Druck", schreibt zum Beispiel Rudolf Walther aus Großkarlbach. „Dabber, dabber, mer pressiert's, saat mer, wann mer's eilig hot", schreibt Karlfried Obenauer aus Winnweiler. „Fer die Pälzer is ‚pressiert' äfach die Steigerung vun ‚eilisch'" meint auch Hans Mannweiler aus Frankenthal. Wem's bressiert, der muss sich also sputen (sagt Ruth Metz aus Hatzenbühl), der nimmt die Beine in die Hand, für den ist es höchste Eisenbahn – vielleicht, weil er „immer alles uff die ledscht Minut macht", wie Suse Buchheit aus Pirmasens beklagt.

Doch der Druck kann natürlich ganz unterschiedliche Ursachen haben. Sehr vielen Leserinnen und Lesern kommt bei „bressiere" vor allem der Druck auf die Verdauungsorgane in den Sinn wie in der Szene, die Klaus Kronibus aus Enkenbach-Alsenborn schildert: „Oma", ruft die Mutti,

„hol mol schnell es Häwwelche, em Karlche pressiert's!" Zehn Sekunden später: „Kannsch langsam mache, es pressiert nimmi ..." Der Druck kann aber auch im Kopf entstehen, wie Alfred Franger aus Heuchelheim-Klingen schreibt: „Es soll Menschen geben, die von einer inneren Unruhe geplagt werden, denen pressiert es immer." – „Da lob ich mir den Aufkleber auf manchen Autos in Frankreich", schreibt Heinz Hener aus Maikammer. „Auf denen heißt es (wir übersetzen mal frei aus dem Französischen): „Uns pressiert's nicht – wir sind Rentner!" Und „Saach blooß" dachte bis jetzt, Rentner hätten nie Zeit ...

Tatsächlich geht das pfälzische „bressiere" aufs französische „presser" (und damit auf das lateinische „pressare") zurück, das sowohl für „drängen" als auch für „drücken" stehen kann. Verwendet wird die deutsche Version vor allem in Süddeutschland,

Österreich und der Schweiz, sagt Lothar Braun aus Bellheim.

Nicht ganz so verbreitet, aber doch pfälzisches Allgemeingut, sind Formulierungen mit „pressant". „Gugg, dass de denne Brief geschrieb krieschd, das esch pressant", schreibt zum Beispiel Gisela Schumann aus Grünstadt. „Ich bin heit e bissel pressant, weil ich noch Koffer packe muss", beendet Uta Müller aus Neustadt ihre E-Mail an uns, mit der sie sich zugleich in den Urlaub verabschiedet. Die beiden Zitate verdeutlichen ein Phänomen: Während im ersten Fall eine Sache – der Brief nämlich – „pressant" ist, ist es im zweiten die Person selbst. Diese vermutlich rein pfälzische Besonderheit scheint sogar einigermaßen verbreitet zu sein: „Känn Dorscht, Guscht?" – „Des schunn, awwer ich bressier heit." Der Kurzdialog von Manfred Bauer beweist, dass Menschen nicht nur „pressant sein", sondern auch selbst

„bressiere" können. Besonders anschaulich schildert das Thea Melis aus Waldsee: „Frieher, wie mei Eltere sunndachsmorjens vun de Friehmess hämgeloffe sinn, hot mei Mudder gern noch e bissel mit de Leit verzehlt, awer mein Vadder hot kä Geduld g'hatt un isch vorgeloffe. Do hot mei Mudder zu de Leit gsaat: Mein Mann kann hald net waarde, der pressiert immer."

Wir halten fest: Eine Angelegenheit kann „bressiere", es kann jemandem bressiere und jemand kann „bressiere". Das Wort, um das es heute geht, erweist sich also im Satzgefüge als erstaunlich anpassungsfähig – was ganz gut dazu passt, dass es auch „in alle Läwenslaache pressiere kann", wie Waltraud Rothhaas aus Bellheim festgestellt hat. Gut zu wissen, dass wenigstens ab und zu mal keine Eile geboten ist. „Die Karin un die Elke vun de Haßlocher Sparkass" meinen: „Jo, es pressiert net, kannscht der Zeit losse." Leider sieht es im Alltag aber doch meistens anders aus. Dort wimmelt es vor nichtpfälzischen Wörtern wie „Espresso", „Kompressor", „presto", „Erpresser", und, okay lieber Reinhard Hartmann aus Kaiserslautern, „Presse", die alle auf ihre Weise mit Druck oder Eile zu tun haben.

Da wollen wir diese Folge doch lieber mit einem pfälzischen Kurzdialog von Christian Sternberger aus Edesheim beschließen, der sich so oder so ähnlich überall in der Pfalz abspielen könnte, und zwar zwischen einem Driwwelierer und einem Lahmarsch: „Hopp, dabber, dabber!" – „Was isch'n?" – „Mach vorra!" – „Pressiert's?"

Ob Goldfinger sich so hinhalten lassen würde? Wohl kaum. Das „Saach-blooß"-Team 007 wird jedenfalls auch in Zukunft weiter auf die Jagd gehen nach spannenden Begriffen aus der Pfälzer Mundart.

FOLGE 178, ERSCHIENEN AM 14.12.2011

„MACH MER KÄNN RAACH IN DE SACK!"

Für dumm verkauft

Pfälzer lassen sich nicht gerne was vormachen.
Und irgendwas irgendwohin blasen lassen sie sich auch nicht

„Neh mer känn Knopp
an de Backe!"

„Vezähl mer kä Märcher!"

„Du kannscht mer kä
X fer e U vormache!"

„Des kannscht emme verzehle,
wu die Hoss mit de
Beißzang anzieht!"

Nein, liebe Leserinnen und Leser, in dieser Folge geht es nicht – wir wiederholen: nicht! – um Bundespräsident Christian Wulff und seine seltsame Verteidigungsstrategie (die erst Wochen nach Erscheinen dieses Beitrags in den erlösenden Rücktritt mündete. Anmerkung des Autors). Die Zitate, die Uta Müller aus Neustadt, Klaus Kronibus aus Enkenbach-Alsenborn, Heinz Hener aus Maikammer und Lothar Braun aus Bellheim eingeschickt haben, gehen nach-

weislich und ausschließlich auf die Frage in der jüngsten „Saach blooß"-Folge zurück, mit der wir einer eigentümlichen pfälzischen Redensart auf den Grund gehen wollten. Ähnlichkeiten mit lebenden Personen sind rein zufällig.
Zugegeben: Beim Spruch „Mach mer känn Raach in de Sack!", nach dem wir gefragt hatten, nicht an die Vernebelungstaktik aus dem Schloss Bellevue zu denken, fällt uns einigermaßen schwer. Aber wir versuchen's trotzdem. „Die Karin un die Elke vun de Haßlocher Sparkass" kennen die Redensart zwar nicht, ihnen kommt dabei aber – ganz wertfrei – Verschleierung und Vernebelung in den Sinn, als hätte irgendwo jemand eine Nebelmaschine angestellt. „Hier versucht jemand jemandem etwas vor- oder weiszumachen" – so erklären auch Reinhard Hartmann aus Kaisers-

lautern und Inge Schornick aus Ludwigshafen den Spruch. „Alles nur heiße Luft" kommt dem Leser aus Kaiserslautern in den Sinn.

Geht man nach der Zahl der Zuschriften, so ist „Mach mer känn Raach in de Sack!" keine sehr gebräuchliche Redensart. Doch ihre mangelnde Bekanntheit hat nichts damit zu tun, dass sie nur in einem kleinen Gebiet der Pfalz Verwendung fände. Denn während einige Leser ihren Ursprung nahe Landau vermuten, ist sich Lothar Braun sicher, dass sie „hauptsächlich in der Westpfalz bekannt" ist. Sein Argument: Der Karnevalverein 1838 Kaiserslautern hat tatsächlich ein Lied im Programm, das „Mach mer blooß kä Raach in de Sack!" heißt. Auch Günter Holzhauser aus dem westpfälzischen Niedermohr kennt die Redensart (allerdings mit „Ruß" statt „Raach" im Sack). Sie gelte

einem Aufschneider oder Angeber. So einer habe früher zu hören bekommen: „Du wääscht alles besser, du Klugscheißer. Mer brauchsche kä Ruß in de Sack mache, bleib du liewer bei de Wohret!" – „Große, hohle Sprich, nix dehinner un nix devor", so wertet Klaus Hollinger aus Spirkelbach die Aussagen eines Menschen, der jemandem „Raach in de Sack" machen will. Bei Hans Estelmann im südpfälzischen Böchingen wird aus „Raach" übrigens „Rääch" – so wie aus „Aache" „Ääche" werden können.

Wo der Spruch herkommt, dazu gibt es diesmal eher spärliche Vermutungen. Der „fumiste" – also wörtlich der „Rauchmacher" – steht im Französischen für den Schaumschläger oder den Nichtsnutz, „den Blender oder Schwindler", schreibt Heinz Hener. Doch wo auf einmal der „Sack" herkommt, in

„Mach mer känn Raach in de Sack!"

den dieser Rauch geblasen werden soll, ist damit leider noch nicht geklärt.

Karlfried Obenauer aus Winnweiler übersetzt den Spruch mit „Willsche mich verkohle?" Und er denkt weiter: Wer verkohlt werde, sei hinterher genauso schwarz, wie wenn er im Rauch gestanden wäre. Doch auch

bei dieser Erklärung bleibt der „Sack" außen vor. Was tun?

Reinhard Hartmann stellt den Bezug zwischen „Raach in de Sack mache" und dem hochdeutschen „sich in die Tasche lügen" her. Bei der Tasche handelt es sich hier mutmaßlich um die Hosentasche, die auf gut Pfälzisch bekanntlich zum „Hossesack" wird. Ist das vielleicht die Lösung? Oder ist es Schall und Rauch?

Manfred Bauer führt uns auf einen anderen Pfad der Weisheit. Er behauptet schlichtweg, der Spruch „Mach mer känn Raach in de Sack" sei gerade mal so alt wie das Rauchverbot in Pfälzer Kneipen. Vor ein paar Jahren also habe ein leidenschaftlich Zigarre rauchender Gast vom Wirt zu hören bekommen, rauchen sei ab sofort nur noch in kleinen, abgeschlossenen Räumen erlaubt. Der Gast sei dann am nächsten Tag mit einem leeren Kartoffelsack in die Kneipe gekommen, habe sich an den Stammtisch gesetzt, den Sack über den Kopf gezogen und darunter seine Zigarre angesteckt. Dem verdutzten Wirt hielt er entgegen: „Ich hab mer moi klääni Räumlichkeit selwerscht mitgebrocht." Ob Manfred Bauer uns da wohl „Raach in de Sack" mache will? „Saach blooß" meint: Die Geschichte ist einfach viel zu schön, um nicht wahr zu sein.

Bleiben noch zwei Hinweise. Der erste gilt dem „Kleinen Rauch-Sackträger" (lateinischer Name: psyche casta). Dieser Nachtfalter hat zwar nicht bei der Aufklärung des heutigen Falles geholfen, aber dank seines passenden Namens doch eine Erwähnung verdient. Der zweite gilt zum Abschluss dann halt doch Christian Wulff. Ihm rufen wir zu: „Nix fer uuguut: Wu Raach isch, isch ach Feier."

Feier-Oowend fer heit.

FOLGE 179, ERSCHIENEN AM 13.1.2012

„DUMMLE"

Im Land der höchsten Eisenbahn

Allen Gemütlichkeits-Klischees zum Trotz:
Den Pfälzern kann es nie schnell genug gehen

Wenn's um die Beschleunigung des Alltags geht (des Alltags der anderen, nicht des eigenen), verfügt das Pfälzische eigentlich über die perfekte Zauberformel. Das Wörtchen „Hopp!", mit dem rechten Nachdruck gesetzt, macht in allen Lebenssituationen deutlich, aber dalli, dass der Angesprochene sich nun zu sputen habe. Und mit „Hopp, Hopp!" oder „Hopphopphopp!", lässt sich das Ganze auch noch wunderbar variieren.

Doch anscheinend macht es den Pfälzerinnen und Pfälzern so viel Freude, andere zur Eile anzutreiben, dass sie zu diesem Zweck noch viele weitere Zauberwörter erfunden haben. Nehmen wir nur einmal die Redensart „Dummel dich!". „Wenn meine Mutter sagte: Bub, jetzt dummel dich awwer mol!, dann war es höchste Eisenbahn, in die Gänge zu kommen", schreibt Albert Arndt aus Rockenhausen und erinnert sich an den „etwas schärferen Ton,

der keinen Zweifel aufkommen ließ, dass das die letzte Warnung war". Karlfried Obenauer aus Winnweiler zitiert für uns die kritischen Worte einer Ehefrau, deren bessere Hälfte einfach nicht in die Gänge kommen will: „Dummel dich, Hannes, mach, dass de ferdisch wersch, loss die Finger rumgehe unn drick dich net so lang erum." Dem Mann wird angesichts solch massiven Drucks wohl nichts anderes übrig bleiben, als tatsächlich „die Bää in die Hand zu nämme", wie Uta Müller aus Neustadt es formuliert. Es sei denn, der gescholtene Ehemann ist von jenem Kaliber, das Inge Schornick aus Ludwigshafen so beschreibt: „Kannschd dich dummle, wie de willschd, bischd immer noch lahm wie e Schnegg ..."

Die Steigerung von „dummel dich!" sei „dummel dich e bissel!", schreibt Hermann Grundhöfer aus Harthausen, wobei man den Anhang „... e bissel" auch als Ausdruck Pfälzer Höflichkeit verstehen darf – eine Höflichkeit, die selbstverständlich nicht dazu führen soll, dass die eigene Aufforderung an Nachdruck einbüßt. Wo kämen wir da hin! Man kennt ja die Pfälzer: Egal, ob mit „Hopp!", „Dummel dich!", oder „Mach vora(n)!" (eingeschickt von Peter Keller aus Landau) – es ist auf jeden Fall sicherzustellen, dass kein Nachzügler/Trödler/Lahmarsch den Anschluss an die Gruppe verliert.

Doch nicht immer kommt die Botschaft so klar an, wie sie gemeint ist. Bei Martin Oswald aus Beindersheim – der Mundart nicht mächtig – sorgte sie vielmehr für große Verwirrung. „Mein alter Fahrlehrer sagte öfter Mal ‚Dummel dich!' wenn ich an einer Kreuzung zu sehr zögerte", erinnert sich der Leser an seine Zeit als Fahrschüler. Er fand die Formulierung damals ziemlich seltsam, kannte er doch nur die hochdeutsche Bedeutung von „sich tummeln": „Viele Leute befinden sich an einem Platz und bewegen sich wirr durcheinander." Für eine Straßenkreuzung kein allzu sinnvolles Konzept, wie „Saach blooß" dem Leser gerne zugesteht.

Dabei hängt „dummle" tatsächlich mit den hochdeutschen Wörtern „tummeln", „Getümmel" und sogar „taumeln" zusammen. Bis auf „taumeln" gehen alle auf die ursprüngliche Bedeutung „sich lebhaft bewegen" zurück, nur haben sich „tummeln" und das pfälzische „dummle" in verschiedene Richtungen bewegt. Im Hochdeutschen geht es jetzt mehr ums lebhafte Treiben, im Pfälzischen geht es nur noch ums Tempo.

So ein Bedeutungs-Spagat zwischen Hochsprache und Mundart ist alles andere als ein Einzelfall. Pfälzer benutzen ja auch die Aufforderung „Dabber, dabber!", um ihre Mitmenschen

„Dummel dich!"

auf Touren zu bringen, wie „Saach blooß" schon im Jahr 2002 geklärt hat (nachzulesen im Buch „Saach blooß", dem im Jahr 2006 erschienenen ersten Band dieser Reihe). Das Ergebnis damals: „Dabber" hat denselben Ursprung wie das hochdeutsche „tapfer", doch hat es in der Mundart einen Bedeutungswandel erfahren: von „mutig" – na, klar! – zu „schnell".

„Dabber, Knechtel, dummel dich!", eingeschickt von Volkhard Sittel aus Dudenhofen, ist nur eine von vielen Varianten, bei denen „dabber" und „dummel dich" sogar kombiniert werden, zur nochmaligen Beschleunigung der Sache. „Bu, mach schnell, fix, dabber, dummel dich!", heißt es zum Beispiel bei Klaus Hollinger aus Spirkelbach. Und Suse Buchheit aus Pirmasens ist neulich „vor lauter Dabber-dummel-dich" glatt der Bus vor der Nase fortgefahren.

Vielleicht klärt irgendwann mal ein Team von Sozio- oder Ethnologen, warum die Menschen zwischen Rhein und Saar alles so eilig machen. „Saach blooß" hält sich da erst mal raus und liefert stattdessen noch ein bisschen Forschungsmaterial aus den diesmal besonders zahlreichen Einsendungen unserer Leserinnen und Leser.

„Alla hopp, jetzt dutzwitt!", rief zum Beispiel die Großmutter von Manfred Bauer aus Ludwigshafen ihrem Enkel „in schneidendem Befehlston" zu, wenn dieser nicht in die Pötte kommen wollte. Noch verschärft werden konnte der Befehl durch den Ausruf „Dutzwitt trawallje!" – in Anlehnung an französisch „tout de suite" für „sofort" und „travailler" für „arbeiten". Auch „Dummel dich, wittwitt!" von französisch „vite" für „schnell" wurde mehrfach als Anwendungsbeispiel gebracht.

Was bleibt sonst noch? „Hordisch dabber", wie Hans Mannweiler aus Frankenthal meint, zum Ende zu kommen und sich anderen, drängenden Fragen rund um die Pfälzer Mundart zu widmen. Awwer hopp, hopp ...!

FOLGE 180, ERSCHIENEN AM 16.2.2012

„SCHALBES"

Mach kä Faxe!

Wir feiern den zehnten Geburtstag
unserer Serie mit einer Pfälzer Ulknudel

Es ist wohl kein Zufall, dass sich „Saach blooß" zum Jubiläum ein Schimpfwort ausgesucht hat. Zeigt sich in der Uz- und Schmähkultur der Pfälzer doch ganz besonders deren (sprachliche) Bandbreite. Wo sonst könnte es nebeneinander einen „Knodderer", einen „Griwwelbisser", einen „Bebberer" und einen „Gnewwrer" geben? Und auf der anderen Seite des Spektrums einen „Labbeduddel" neben dem „Hosseloddel" und dem „Ha(h)nebambel"? Ob die Pfälzer hier auf die ganz feinen Unterschiede Wert legen oder ob sie einfach Spaß daran haben, ihre Mitmenschen mit möglichst vielen verschiedenen Beleidigungen zu bedenken, wollen wir nicht vertiefen. Wir wenden uns lieber dem „Schalpes" oder „Schalbes" zu. Der ist weniger bekannt als seine Brüder namens „Dollbohrer", „Dummkopp", „Dappschädel", „Rüweschtier" oder „Forzlosser" (zusammenge-

tragen von Hans Estelmann aus Böchingen), aber doch verbreitet genug, um zahlreiche Leser auf den Plan zu rufen.
Die Zuschriften machen jedenfalls deutlich: Der „Schalbes" will differenziert betrachtet werden. „Ein Mittelding zwischen Narr und Depp" sei er, schreibt Suse Buchheit aus Pirmasens, die von einem „liebevollen Schimpfwort" spricht. „Hier in Kaiserslautern", sagt Jürgen Jacob, „heißt das Scholbes oder Scholwes und bezeichnet jemanden, der ungeschickt in alles hinein oder über die eigenen Füße stolpert." „Er dabbt bei Rot iwwer die Schossee", meint auch Ruth Kliefoth aus Kaiserslautern. Der „Schalbes" tut das allerdings nicht absichtlich, sondern weil er nicht mitbekommt, was um ihn herum vorgeht. „Ein einfältiger, kindischer, oft unbeholfener Mensch" sei er, sagt Doris Rittmann aus Birkenheide.

Eine etwas andere Seite beleuchtet Helga Jungen aus Carlsberg. „Anzusiedeln zwischen Spaßvogel und Blödmann mit Tendenz zum Spaßvogel" sei der „Schalbes". Sie erkennt darin den hochdeutschen Schalk oder Schelm: „Er bringt es fertig, einem in den falschen Mantel zu helfen und dann noch den Ärmel zuzuhalten." Die Leserin kennt sogar das passende Adjektiv: „Uff dem Bild guckt der so schalwich, dass mer mäne kennt, er het se net all." Rainer Lodes aus Zweibrücken sieht den „Schalbes" ebenfalls in erster Linie als Juxmacher: „Enner, wu de Aff macht – mit sich und den anderen." „Knapp dran" am „Schalbes" sind für ihn „Jochnachel", „Bleedel", „Hambelmann", „Schossel", „Dussel", „Dirmel", „Gloowe" und die „alt Schrull" – übrigens der einzige Hinweis auf einen weiblichen „Schalbes" in sämtlichen Einsendungen zu dieser Folge.

Und gleich noch ein „Übrigens": So was schafft „Saach blooß" wohl nur in der Jubiläumsfolge: „Wir müssen uns geschlagen geben, weil wir das Wort nicht kennen", schreiben „die Karin un die Elke vun de Haßlocher Sparkass", Mitmacherinnen der ersten Stunde. – Aber hallo!? – Doch keine Sorge! Wie Inge Schornick aus Ludwigshafen („Schalbes", „Schalpes" und „Schalwes" sind ihr persönlich nicht bekannt) sind beide durch intensive Recherchen im Dienste von „Saach blooß" schließlich doch auf Spuren des „Schalbes" gestoßen.

Im Pfälzischen Wörterbuch heißt es beispielsweise, der „Schalpes" komme vor allem im Raum Pirmasens vor und stehe sprachgeschichtlich mit dem „Tappes" (oder „Dappes") in Verbindung. In dem Lexikon ist außerdem vom „Quadratschalpes" die Rede, den auch Reinhard Hartmann aus Kaiserslautern als

„Weller Schalbes war dann des?"

Steigerung kennt. „Saach blooß" gibt zu: Uns kommen da bestenfalls die „Quadratlatschen" in den Sinn – was aber natürlich nicht als ernstzunehmender Beitrag zum Thema betrachtet werden kann (doch unseren Senf dazugeben wollen wir selbstverständlich auch dann, wenn wir keine Ahnung haben –halten wir uns doch allzu gerne an die Zuschrift von Klaus Hollinger aus Spirkelbach, der schreibt: „En Schalwes is so en Halbschlauer, der wu nit wääß, dass ma, fer dumm se schwätze, schunn e bissel gescheit sein muss").

Der Hinweis von Uta Müller aus Neustadt hat dagegen auf jeden Fall Hand und Fuß. Sie erinnert sich an ihren Vater, „wu en Alemanne war un so e ähnliches Wort g'hatt hot: Des isch en ausgemachter Tschalp." Gemeint habe der Vater einen ungeschickten, schwerfälligen, oder dummen Menschen: „Wann der so lang wär, wie er dumm is, kännt er aus em Dachkannel Wasser saufe!" – „Un er misst sich noch bigge debei", fügt Eckehard W. Reuscher aus Kaiserslautern hinzu.

Gerlinde Baum aus Schifferstadt ist in der Schweiz auf diesen „Tschalp" und das Verb „tschalpen" für „schwerfällig gehen" gestoßen (Pfälzisch übrigens: „schlorbse" oder „schlurbse"). Und siehe da: Kaum setzt man ein „T" vors „schalp", wird man weiter fündig. Und wir lernen: In Österreich, speziell in Kärnten, sei der „Tschalp" bekannt als Ausdruck für „Idiot" oder „Depp". Das ist zwar nicht nett, aber: Der Jubiläums-Fall ist geklärt. Wir gratulieren ...

FOLGE 181, ERSCHIENEN AM 23.3.2012

PFÄLZER STICHWORTVERZEICHNIS

Alle rund 900 Wörter und Redewendungen, die Sie in diesem Stichwortverzeichnis finden, werden in mindestens einem der vier Bücher der „Saach-blooß"-Reihe behandelt und erklärt.

Feststehende Pfälzer Sprüche und Redensarten sind durch An- und Abführungszeichen gekennzeichnet. Blau gefärbte Begriffe zeigen, dass sich eine ganze Folge der Serie eigens mit diesem Stichwort oder diesem Spruch befasst. Die Tilde (~) steht in Zusammensetzungen für das jeweilige Stichwort. Die Hinweise in Klammern hinter der Seitenzahl verweisen auf das jeweilige Buch der „Saach-blooß"-Reihe:

(SB):   „Saach blooß. Geheimnisse des Pfälzischen" (erschienen 2006),
(SB 2): „Saach blooß 2. Noch mehr Geheimnisse des Pfälzischen" (2007)
(SB 3): „Saach blooß 3. Neue Geheimnisse des Pfälzischen" (2009).
Seitenzahlen ohne weitere Hinweise führen zu Erklärungen in diesem Buch.